劉伯溫的人生哲學

——智略人生

目錄

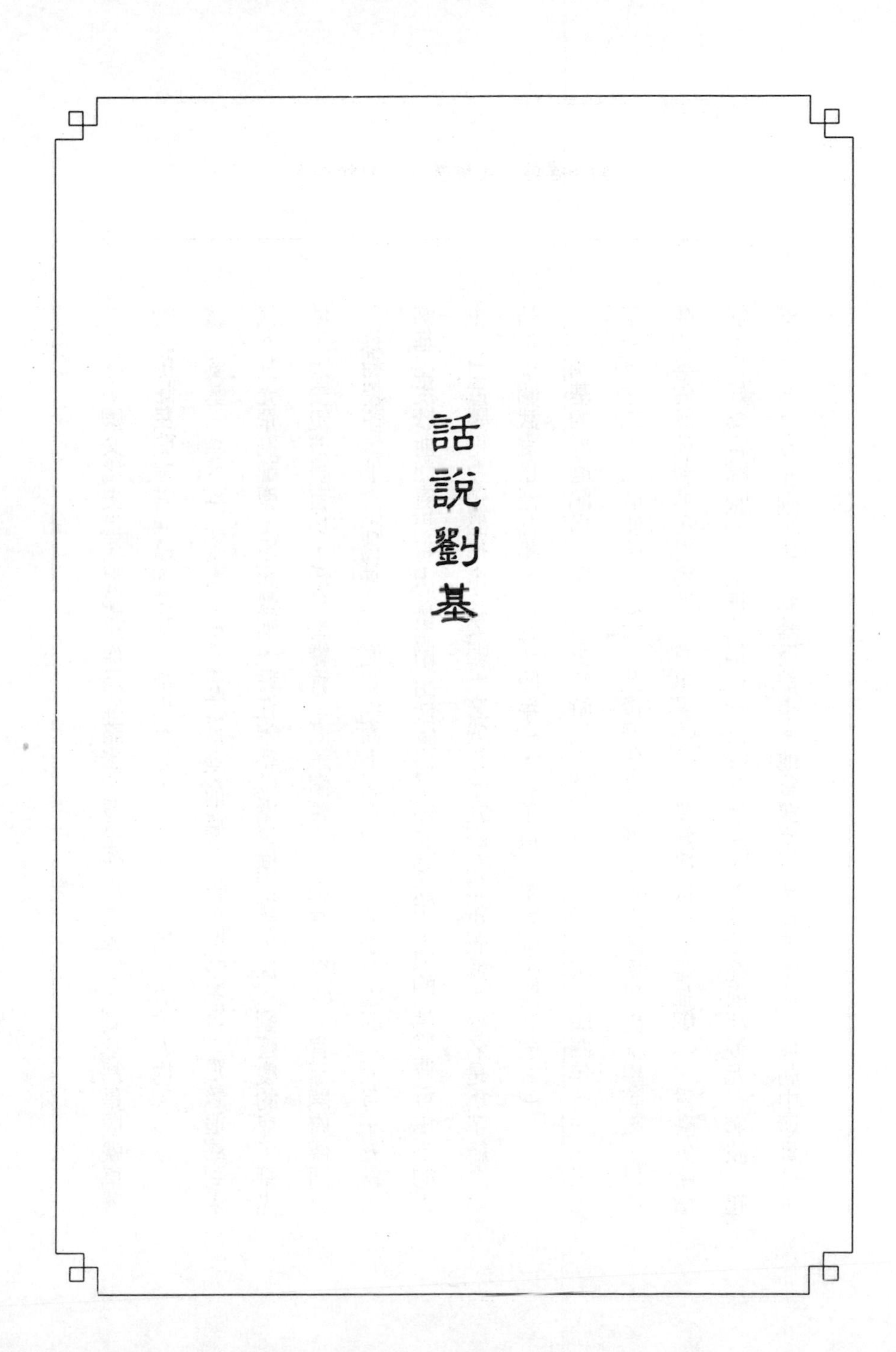

話說劉基

在中國文化史上，無論是作為謀略家，還是作為文學家，劉基都是成就卓著的。排除民間對其業績的誇張、神化部分，他仍然是位第一流的人物。

劉基（一三一一——一三七五），字伯溫。說起他的家世，應該追溯到宋代。其先輩劉延慶，原籍豐沛，曾在宋朝做過宣撫都統少保。劉延慶的兒子劉光世，因平定方臘有功，任兵馬總管。高宗南渡，「部兵以從」。官至開府儀同三司錄尚書事，進太師楊國公。歷四代而卜居青田。元武宗至大四年六月十五日，劉基出生於浙江處州青田縣南田山武陽村，從此開始了他的富於傳奇色彩的人生。（武陽村今屬溫州市文成縣。文成是一九四八年新置縣，縣名是為了紀念劉基——明武宗正德九年（一五一四年），劉基被追贈太師，謚文成。）

劉基的經歷頗為複雜。他少年時代就聰明過人，元文宗至順四年（一三三三年），才二十三歲便中了進士。此後歷任高安縣丞、江浙儒學副提舉等職，以清廉和崇尚氣節著名，對民衆「有惠愛」，「發奸摘伏，不避強御」，為豪劣所憎恨，只好棄官歸隱。元至正八年（一三四八年），方國珍在浙江慶元（寧波）起事，江浙行省元帥府起用劉基為都事。他堅決反對招安方國珍，與朝中顯貴發生衝突，受到羈管紹興的懲處，差點被殺。元順帝至正十七年（一三五七年），石抹宜孫任用劉基為行樞密院處州分院經歷，經略使李國鳳「上其功」，而執政者卻因方國珍的緣故故意壓抑劉基，「授總管府判，不與兵事」，劉基便棄官回到了家鄉青田，率領地方武裝在山中紮寨自保。朱元璋攻下金華、括蒼（麗水縣），再三請劉基出山。至正二十年（一三六〇年），劉基來到應天府（南京），向朱元璋陳述《時務十八策》，成為朱元璋的主要謀士。此後，「攻皖城，撥九江，撫饒郡，降洪都，取武昌，平處城內變」，被認為有定策之功。洪武元年（一三六八年），朱元璋重建漢族政權，劉基任御史中丞兼太史令，參與制定曆法、建立政治制度等大事。洪武三年（一三七〇年）封誠意伯。次年正月，為全身遠害而辭官歸家。洪武八年（一三七五年），為胡惟庸所讒毀，羈留於南京，憂憤成疾。三月，朱元璋派人送他回家，四月十六日便去世了。他在這個世界上一共生活了六十五年。

一千個讀者就有一千個哈姆雷特。其實，對於歷史人物的理解也存在這種紛繁多歧的情形。「我們有色諾芬和柏拉圖筆下的蘇格拉底，也有斯多葛派的、懷疑論派的、神秘主義派的、唯理論派和浪漫派的蘇格拉底。它們都是完全不一樣的，然而它們都不是不眞實的；它們每一個都使我們看見了一個新的方面，看到了歷史的蘇格拉底及其理智和道德面貌的一個獨特的方面。」的確，面對所有這些不同的解釋，我們絕不應該付之一笑，因爲，每一種解釋都做出了它們自己的貢獻。

對歷史人物劉基，也曾有過多種不同的評議。它們各從不同側面表達了對劉基的理解。

比如，曾有人將劉基比爲伊尹，那個協助湯討伐夏桀、建立殷商的偉大人物。值得注意的是，評議者將劉基、伊尹並提，著眼於劉基對元朝的忠誠。據《孟子·告子》說：「五就湯，五就桀者，伊尹也。」何以要五次到湯那兒去，五次到桀那兒去呢？柳詒徵先生解釋說：「蓋尹之志願，專在改進當時之社會。不但不爲一己之權利，不爲成湯之權利，並亦不必推翻夏之政府。苟夏之政府能用其言，行其志，亦可以出於和平之改革。夏既不能用之，始不得已而佐湯伐夏。」准此推論，我們也可以說：劉基的志願，是要改進當時的社會，並非爲了一己私利。所以，他並不想推翻元朝。如果元朝政府能採納他的決策，劉基將領導一場和平改革。可惜元朝政府不可救藥，劉基只好投奔朱元璋了。

這樣的解釋，在某個層面上是符合事實的。

還有人將劉基比為三國時的諸葛亮，那個為了劉備的事業鞠躬盡瘁、死而後已的孔明。耐人尋味的是，評議者將劉基、諸葛亮並提，著眼於劉基的足智多謀，即《明史·劉基傳》所謂「佐定天下，料事如神」，其中並沒有包含劉基與朱元璋之間的關係有如魚水般親密的暗示。

還有其他的說法。或與張良並論，強調他的韜光養晦；或與宋濂並論，強調他的散文成就；或與高啓並論，強調他的詩人氣質……每一種提法都揭示了劉基的某一側面，都有助於我們認識這位帶著幾分神秘色彩的人物。

一位西方歷史學家曾經雄心勃勃地說：「我要把那些古人從他們所居的虛幻的高台上拉到眞實世界中來。」這話的意思是：他並不只是給予我們一系列按一定的編年史次序排列的事件。對他來說，這些事件僅僅是外殼，他在這外殼之下尋找著一種人類的文化的生活——一種具有行動與激情、問題與答案、張力與緩解的生活。歷史學家不可能爲所有這一切而發明新的語言和新的邏輯。他不可能不用一般的語詞來思考或說話。但是他在他的概念和語詞裡注入了他自己的內在情感，從而給了它們一種新的含義和新的色彩——個人生活的色彩。

但是，說到劉基，誰敢拍著胸脯向讀者做這樣的保證？甚至，僅僅對劉基作恰如其分的介紹也很難辦到。

伴隨著劉基的有太多的誤解。

誤解之一：劉基在朱元璋的文官集團中的地位被拔高了。人們常常將劉基比爲張良和諸葛亮，其中就包含了一定程度的誤解。張良之從劉邦，時值劉邦起事之初，手下僅有數千人。據《史記·留侯世家》記載，張良本是去投奔景駒的，在下邳與劉邦相遇，遂居其屬下。張良所策劃的謀略，別人都不能理解，唯有劉邦能懂。張良感慨說：沛公殆是得天所授。於是拿定主義跟劉邦做。他在劉邦心目中的位置是異常重要的，所以漢朝開國，劉邦大封功臣，才提出讓他「自擇齊三萬戶」。

諸葛亮與劉備的關係更不尋常。公元二〇七年，劉備爲了爭奪天下，奔走二十餘年，但「失勢衆寡」，屢遭失敗，最後不得不投靠荊州的劉表，寄人籬下，住在小縣新野。四十七歲的劉備，沒有放棄自己的理想，他四處打聽，尋找出類拔萃的謀士幫助自己。經過司馬徽和徐庶的推荐，這一年，劉備親至隆中求見二十七歲的諸葛亮，「凡三往，乃見」。當時，劉備屬下除了關羽、張飛等幾員武將外，重量級的謀士一個也沒有；不久，來了一個龐統，卻又不幸在二一四年攻打雒城時中流矢而死；因此，諸葛亮在劉備集團中就格外重要，劉備的創業史也就是諸葛亮的創業史，他們的關係，用魚水來形容並不過分。

劉基之於朱元璋，其重要性不能和諸葛亮、張良相比。其一，一三六〇年，亦即劉基受聘來到南京的那一年，朱元璋的顧問集團已經相當龐大，李善長、陶安、朱升等著名人物均被網羅其中。其二，此時朱元璋的根據地已建設得具有相當規模。一三五五年六月，朱元璋率徐達、馮國用、邵榮、湯和、李善長、常遇春、鄧愈、耿君用、廖永安等「引舟渡江」，先後攻取牛渚、采石鎮、太平城，初步建立了江南政權。朱軍進入太平城時，儒士李習、陶安等率衆出城迎接。陶安建議說：「方今四海鼎沸，豪傑並爭，攻城屠邑，互相雄長，然其志皆子女玉帛，取快一時，非有撥亂救世安天下之心。明公率衆渡江，神武不殺，人心悅服。以此順天應人而行吊伐，天下不足平也。」朱元璋說：「足下之言甚善，吾欲取金陵，足下以爲如何？」陶安說：「金陵古帝王之都，龍蟠虎踞，限以長江之險，若取而有之，據其形勝，出兵以臨四方，則何向不克。」這一建議，甚合朱元璋心意，遂改太平路爲太平府，以李習爲知府。置太平、興國翼元帥府，朱元璋爲大元帥，李善長爲帥府令史。陶安參幕府事。「諸將分守各門，修城浚濠，以固守御。」「用宋龍鳳年號，旗幟戰衣皆紅色。」至此，朱元璋的江南政權已初步建立起來。一三五六年三月，按照既定方針，朱軍攻占了集慶城。朱元璋登上集慶城樓，意態不凡地對徐達等人說：「金陵險固，古所謂長江天塹，眞形勝地也。倉廩實，人民足，吾今有之。諸公又能同心協力以相左右，何功不成。」當日，改集慶路爲應天府。至七月，置江南行中書省，朱元璋兼總省事，其下設參議、左右司郎中、都事；並置行樞密院、理問所、提刑按察司、營田司等機構。這已粗具政府的功能。一三五七年，朱元璋開始向浙東發展，先後攻取徽州、池州、婺州、衢州、處州等地。「山河奄有中華地，日月重開大宋天」是朱元璋此時提出的口號，足見其勢頭正好。

劉基加盟朱元璋的謀士集團，時值朱的事業順利發展之時，這就減弱了劉基的重要性。但是，我們也必須指出：在不誇大劉基業績的前提下，對他低估同樣是不恰當的。第一，在朱元璋的謀士集團中，劉基在元末的社會身分最爲顯赫。可以比較一下：李善長只是里中長者；陶安是明道書院山長；朱升是池州學正；唯有劉基官職較高，由進士而被任爲元帥府都事，總管府制。作爲一種象徵，他的加盟極大地提高了朱元璋在知識分子心目中的威望。第二，作爲治國安邦的傑出人才，劉基對於如何塑造合乎儒家傳統的帝王形象有過系統的思考，其理論表述即《郁離子》一書。徐一夔《郁離子．序》說：「其言詳於正己、愼微、修紀、遠利、尙誠、量地、審勢、用賢、治民，本乎仁義道德之懿，明乎吉凶禍福之幾，審乎古今成敗得失之迹，大概矯元室之弊，有激而言也。」「公之事業具於書，此元之所以亡也；公之書見於事業，此皇明之所以興也。嗚呼，一人之用捨有關於天下國家之故，則是書也豈區區一家言哉！」劉基加盟朱元璋的謀士集團後，朱元璋日漸明確地盡力將自己塑造爲一個未來的賢明帝王的形象，如割斷與紅巾軍的聯繫，減免戰禍地區的賦稅，懲罰違紀搶掠的軍人，獎勵自己的忠誠的追隨者甚至獎勵爲元王朝竭忠的人員……這一切，都是與劉基分不開的。第三，作爲深不可測的謀略家，他「遇急難，勇氣奮發，計畫立定，人莫能測」，尤其是朱（元璋）、陳（友諒）決戰，一舉確立了朱元璋逐鹿天下的優勢地位，功績尤其卓著。所有這些，使劉基成爲朱元璋身邊的一個傑出顧問，這一點，不容否認。

誤解之二：過分強化了劉基身上的神秘色彩，以至於提起劉基，人們就想起望氣、觀天象一類的話題。

這一誤解也是有原因的。《明史·劉基傳》說他「博通經史，於書無不窺，尤精象緯之學」。相傳他二十歲時赴京會試，在某書肆翻閱一卷天文書，次日便背誦如流。好奇的書肆主人要將此書送他，他謝絕說：「已在吾胸中矣。無事於書也。」這也許是眞事。但以這類眞事爲起點，卻造成了「世所傳爲神奇，多陰陽鳳角之說，非其至也」的後果，以至於民間把唐朝袁天罡、李淳風的《推背圖》也記到了他的名下，還編造了劉伯溫《燒餅歌》之類的地攤小冊子。

這一誤解的產生還與朱元璋相關。曾有學者指出，朱元璋並不眞正相信那些瘋瘋癲癲的和尙、舉止怪異的道士以及荒唐無稽的夢囈，但是，他對這些人以及這種事卻樂於尊奉或宣傳，因爲，這使他的事業在普通人心目中具有一種天神相助的味道。神道設教，朱元璋是極爲擅長的。我們來看看其中的幾個例子：

陸粲《庚巳編》：「鐵冠道人張景和者，江右方士也。太祖駐滁陽時，詣軍門言曰：『天下淆亂，非命之主，未易安也。今其在明公乎！』上問其說，曰：『明公龍瞳鳳目，貴不可言；若神采煥發，如風掃陰翳，即受命之日也。』上奇之，留於幕下。」

徐禎卿《翦勝野聞》：「太祖在滁，嘗濯手於柏子潭，有五蛇擾而就之，因祝之曰：『如天命在予，汝其永附焉。』一日戰畢，群坐藉土，蛇忽蜿蜒其側，帝乃掩以兜鍪。頃復報戰，亟戴兜鍪而往，是日手刃甚衆。軍法，戰勝必祭甲冑，衆推帝功居多，乃置其兜鍪於前。甫奠，忽霹靂大震，白龍夭矯，自兜鍪中出，挾雷聲握火騰空而去。諸將自是威服。」

楊儀《高坡異纂》：「未幾，將西征陳友諒，問之。顚仙迎面上視，良久，正色搖手曰：『天命不在，友諒可征也。』已而舉杖導帝馬前，奮迅疾行，爲壯士揮戈之勢，以示必勝，因令從征。師抵小孤山，見江豚戲水中，忽出謬說，言：『水怪見，損人多。』帝惡之，命將士引去，棄湖口水中，不能溺。」

朱元璋以神道設教，這是一種實用主義的態度，其效果是顯而易見的。但是，光神化朱元璋本人還不夠，還必須從他的文臣武將中選擇一位合適的搭檔，透過對這位搭檔的神化來烘托朱元璋的眞命天子的形象。

劉基因其「人莫能測」、「料事如神」的風格而被選中，於是在傳說中成爲一個箭垛人物。例子非常之多，我們隨便拈出幾則：

楊儀《高坡異纂》：「誠意伯劉基，少讀書青田山中，忽見石崖豁開，公棄手中書亟趨之。聞有呵之者曰：『此中毒惡，不可入也。』公入不顧。其中別有天日。後壁正中一方白如瑩玉，刻二神人相向，手捧金字牌云：『卯金刀，持石敲。』公喜，引巨石撞裂之，得石函，中藏書四卷。甫出，壁合如故。歸讀之，不能通其辭，乃多遊深山古刹，訪求異人。久之，至一山室中，見老道士凭几讀。公知其隱君子也，再拜懇請。道士舉手中書厚二寸許授公，說：『旬日能背記，乃可授教；不然，無益也。』公一夕至其半，道士嘆曰：『天才也！』遂令公共壁中書，乃閉門講論，凡七晝夜，遂窮其旨。或謂道人即九江黃楚望也。」

徐禎卿《翦勝野聞》：「劉基昔嘗攜客泛於西湖，抵暮，仰天而言曰：『天子氣在吳頭楚尾，後十年當頭，我其輔之。』」

黃伯生《誠意伯劉公行狀》：「一日公見日中有黑子，奏曰：『東南當失一大將。』時參軍胡深伐福建，果敗沒。」

諸如此類的記述，在文人的筆記中數見不鮮。至於民間的種種傳聞及白話小說，其渲染更是匪夷所思。作爲讀者，一般人大約不會「全心全意」地相信這些故事，但在感覺中卻會自然地把劉基與「神奇」二字聯在一起，這不利於我們了解劉基的眞正深刻的一面。就其基本傾向而言，劉基的思想屬於儒家範疇。「子不語怪、力、亂、神」，劉基對天神相助之類的說法採取的是拒斥態度，這與朱元璋明顯不同。

還有其他一些誤解，不能一一作集中的討論了。

尼采曾經提出：「我們只有站在現在的頂峰才能解釋過去。」歷史知識是對確實的問題的回答，這個回答必須與事實吻合；但這些問題的提出或被關心卻是現實的社會需要。因此，對過去的理解也就意味著對未來的展望，從這一角度來看，歷史與哲學是完全統一的，特殊中蘊含著整體。正如弗里德里希·施萊格爾所說：歷史學家是回顧的預言家。這一說法曾極大地鼓舞筆者，並一度使我進入「理智的和想像的」同情狀態，但是，當我具體從事這部書的寫作時，良好的狀態卻逐漸消失了。我很遺憾，但「清景一失後難摹」，遺憾也無濟於事。

丹納在《英國文學史》中指出：

一種語言，一部法規，一本教義手冊，無非只是一種抽象的東西：具體的東西乃是活動著的人，有形可見的人，是飲食起居、戰鬥勞動著的人。……讓我們使過去成為現在：為了判斷一個事物，它就必須呈現在我們面前。對一個不存在的東西沒有任何經驗可言。毫無疑問，這種重建總是不完全的；它能提出的只是不完全的判斷；但是我們必須使自己服從這種判斷。具有不完善的知識總比具有無用的或錯誤的知識要好；而且要使我們逐漸地了解其他時代的事件，也沒有比逐漸地去觀察其它時代的那些人們更好的辦法了。

我認同丹納的這種論述，也希望讀者認同這種論述。在這一前提下，我們走向劉基——元末明初的一個偉大歷史人物。我們將根據時間順序來翻看他的履歷；我們將在文獻的背後尋找人。

歲月茫茫。

孤帆遠影碧空盡，唯見長江天際流。

元朝進士

元代不重儒術，延祐中始設科取士，順帝時又停二科始復。其時所謂進士者，已屬積輕之勢矣，然末年仗節死義者，乃多在進士出身之人。

——清・趙翼《廿二史劄記》

少年進士

《儒林外史》第四回展示過一個喜劇性的場景。張靜齋說劉基「是洪武三年開科的進士，『天下有道』三句中的第五名」，范進以為是第三名，於是張靜齋口若懸河地反駁道：「是第五名。那墨卷是弟讀過的。後來入了翰林。洪武私行到他家，就如『雪夜訪普』的一般。恰好江南張王送了他一壇小菜，當面打開看，都是些瓜子金。洪武聖上惱了，說道：『他以為天下事都靠著你們書生！』到第二日，把劉老先生貶為青田縣知縣，又用毒藥擺死了。」這一情節，旨在諷刺張、范兩位舉人對他們本朝的歷史茫無所知，因為劉基是元末進士。張靜齋越是口若懸河，就越顯得可笑。

劉基曾是元朝的進士，這在他的履歷表中是非同尋常的。

如人們所一再指出的那樣，元朝的統治，給予中國傳統文化有史以來空前巨大的衝擊。這以前，內侵遊牧民族在文化上仍對漢人抱有敬意，而蒙古貴族卻對之充滿了蔑視。其原因，不僅在於蒙古人本來就是崇尚剽悍的民族，而且由於，在接觸漢族文明之前，他們已經接觸並吸收了中部亞洲的文明。所以，蒙古貴族統治者並不尊重漢族文明，在對漢族人從肉體上予以殺戮的同時，也從精神上予以摧殘，其具體例證之一便是廢除科舉制度。

當歷史的指針指向一三一三年時，漢族文明的命運開始出現轉機。這一年，元仁宗宣布，從一三一五年起恢復科舉考試，並指定以朱熹學派的經典注疏爲考試依據。到了一三二八年，元文宗即位，漢族文明復興的希望更大了。他與當時著名的文人和藝術家都有交往，並寫得一手相當漂亮的漢字。元文宗的登基，代表蒙古人中「儒家」一派的勝利，說明漢族文明已同化了較大一部分蒙古貴族。

漢族文明的復興，使元代朝廷與知識分子的關係變得親近些了。從十四世紀的二十年代到四十年代這幾十年中，有許多出身中國中部文化高度發達的心臟地帶的優秀古典學者和文人學士紛紛投效元朝廷，其中大多數人是經過荐舉和直接任命的方式來任用的，也有人是通過新開的科舉考試而得到任用的。整個說來，年輕人繼續學習古典知識，爲步入士大夫的生涯作準備，他們相信他們偉大的文明規範定會再度得勢。在十四世紀的前半期，私人書院興盛起來；精英階層通過它們肩負起了更大的責任來維持這種教育。出現了許多重要的地區級和地方級的學術中心：浙江北部的金華強調通經致用，造就了一些急於在政府中大顯身手的學者。

出身於浙江青田的劉基理應被視爲金華學者群的一員。他自幼聰穎，十七歲從師元代江浙名儒鄭復初，「聞濂、洛心法，即得其旨歸。」元文宗至順四年（一三三三年），才二十三歲的劉基便中了進士。

劉基曾是元朝進士，這是個非同小可的重要事實。

元末殉難者多進士

劉基的進士身分之所以引人注目，原因在於，元末進士在社會政治生活中所扮演的整體角色已受到歷史家的關注，他們被認爲是支撐元末朝廷的重要力量。清代趙翼《廿二史劄記》卷三十《元末殉難者多進士》條指出：「元代不重儒術，延祐中始設科取士，順帝時又停二科始復。其時所謂進士者，已屬積輕之勢矣，然末年仗節死義者，乃多在進士出身之人。」接下來，趙翼列舉了余闕、泰不華、李齊、李黼、王士元、趙璉、孫撝、周鏜、聶炳元、劉耕孫、丑閭、彭庭堅、普顏不花、月魯不花、邁里古思等死難進士，最後歸結說：「諸人可謂不負科名者哉，而國家設科取士亦不徒矣。」

在元末殉難的進士中，余闕（一三〇三——一三五八）是最早戰死的封疆大臣，早年即與劉基有密切交往。他字廷心，一字天心，色目人，屬唐兀氏，世家河西武威（今屬甘肅），後遷居廬州（今合肥）。元統元年進士，歷任刑部主事、翰林修撰、淮東都元帥和淮南行省左丞等職。他爲人正直剛烈，詩也寫得不錯。元順帝至正十八年（一三五八年），在安慶抗擊陳友諒軍，城破身死。

據朱善繼《余廷心後傳》記載，余闕之死，眞當得起「忠臣當代誰第一，七載舒州天下無」的稱譽。一三五八年正月，陳友諒兵逼安慶，余闕連上三封書向宰相求援，但援兵始終未至。於是余闕以死自誓。「丙午，黎明，趙寇（趙普勝）攻東門，陳寇（陳友諒）攻西門，祝寇（祝宗）攻南門，群寇四面並進，西門尤急。（余）闕分諸將當三門，而以身當西門，徒步揮戈，爲士卒先，士卒號泣止之，不聽。自旦至日中，賊登城。城中火起，麾下數十人戰死。闕身中三矢，被十餘槍，力盡，引佩刀自刎死，墮於淸水塘。」

余闕以死捍衛元朝，與其進士身分不無關係。他的朋友蔣良，一次和他談起國難，余闕推心置腹地說：「余荷國恩，以進士及第，歷省居館閣，每愧無報。今國家多難，授予以兵戎重寄，豈余所堪。然古人有言：『爲子死孝，爲臣死忠。』萬一不幸，吾知盡吾忠而已。」余闕殉難後，蔣良作《余忠宣公死節記》，開篇即強調說：「有元設科取士，中外文武著功社稷之臣歷歷可紀。至正辛卯，兵起淮、穎，城邑盡廢，江、漢之間能捍御大郡、全盡名節者，守舒帥余公廷心一人而已。」余闕「擢高科」的履歷，一向爲他本人和社會所重視，這是不能忽略的人文現象。

泰不華（一三〇五——一三五二）也是元末著名的死節之臣。他字兼善，初名達普化，元人詩中常稱他達兼善，色目人，出生在台州（今屬浙江）。至順元年進士，歷任集賢修撰、監察御史、浙東道宣尉使都元帥和台州路達魯花赤等職。至正十二年在和方國珍軍作戰時死去。這年年初，元朝征討徐州，命江浙省臣召募舟師把守長江，此時，已接受元朝招安的方國珍，懷疑這一舉動是針對自己的，遂再度「入海以叛」。泰不華時任台州路達魯花赤，面對方國珍的復叛，「自分以死報國」。他一方面發兵扼守黃岩的澄江，另一方面派王大用去招降方國珍，「國珍益疑，拘大用不遣」。後中方國珍詐降計被殺。

《元史·泰不華傳》在記錄泰不華的生平時，強調了兩點：一、他作爲進士所受的儒家教育是其人生準則。泰不華與方國珍決戰前夕，曾對部從說過一番詞氣慷慨的話：「吾以書生登顯要，誠慮負所學。今守海隅，賊甫招徠，又復爲變。君輩助我擊之，其克則汝衆功也，不克則我盡死以報國耳。」二、泰不華死得英勇壯烈。「時國珍戚黨陳仲達往來計議，陳其可降狀。泰不華率部衆，張受降旗乘潮而前。船觸沙，不能行，垂與國珍遇。呼仲達申前議，仲達目動氣索，泰不華覺其心異，手斬之。即前搏賊船，射死五人。賊躍入船，復斫死二人。賊舉槊來刺，輒斫折之。賊群至，欲抱持過國珍船。泰不華瞋目叱之，脫起，奪賊刀，又殺二人。賊攢槊刺之，中頸死，猶植立不仆。」這位植立不仆的泰不華，宛如一尊洋溢著浩然之氣的塑像。

孫撝死後追謚忠烈，亦深受推重。孫撝，字自謙，曹州人。至正二年進士，授濟寧路錄事。一三五五年，張士誠占據高郵。四月，朝廷令孫撝爲副使，抵高郵招降士誠。「撝等既入城，反覆開諭，士誠等皆竦然以聽。已而拘之他室，或日一饋食，或間日一饋食」，甚至施以捶楚。張士誠的目的是迫孫撝投降，但孫撝不屑一顧。張士誠遷往平江後，孫撝與士誠部將密謀「赴鎭南王府」，約定日期，進兵克復高郵，謀洩被執，不屈而死。

除了余闕、泰不華、孫撝、趙翼列舉的死難進士中，還有元統元年進士李齊，爲高郵守，「宋死張士誠之難」；泰定四年進士李黼，「守九江，死於賊」；泰定三年進士郭嘉，「守上都，死於賊」；泰定四年進士王士元，「知浚州，死於賊」；至治元年進士趙璉，「守泰州，張士誠既降復叛，遂被害」；泰定四年進士周鏜，「歸瀏陽，遇賊被殺」；元統元年進士聶炳，「守荊門，與賊兪君正戰死」；至順元年進士劉耕孫，「守寧國，與賊瑣南班戰死」；元統元年進士丑閭，「守安陸，與賊曾法興戰死」；至正四年進士彭庭堅，「鎭建寧，部下岳煥反，被害」；至正五年進士普顏不花，「守益都，明兵至，不屈死」；元統元年進士月魯不花，「浮海北歸，遇倭船，不屈死」；至正十四年進士邁里古思，「官紹興，欲討方國珍，爲拜住哥殺死」。這些殉難進士的事跡，俱見於《元史》各本傳。他們有的是蒙古人，有的是色目人，有的是漢族人。民族不同，但都忠心耿耿地效命於元朝。進士與元朝之間的這種歷史性的聯繫，我們絕不應該視而不見。

以節婦自喻的劉基

自然，劉基並沒有像趙翼列舉的諸人那樣爲元朝殉節。但作爲金華學者群的一員，作爲元末的一名進士，他確曾對元朝廷充滿了責任感，願意爲它的鞏固和延續貢獻自己的智慧和精力。他寫過一首詩，題爲《節婦吟》：

淒切復淒切，綠萍初生池水竭。
蘭根壓霜芽不茁，春風泠泠逐秋月。
蓼蟲食苦甘如酒，卷葹雖生心已朽。
揚州青鏡蝕土花，玉匣瓊台復何有？

君不見人間日月如飛梭，
地下相從應始多。

這是一首贊頌節婦的詩，而潛在的意蘊則是以節婦喻忠臣，提倡「食苦甘如酒」的堅貞不渝的品格。

《登高丘而望遠海》也值得我們注意：

登高丘，望遠海，
長風簸浪高於山，蓬萊宮闕無光采。
雲霧翳陽谷，羲和安所之？
鯨鯢作隊行，鱗鬣如朱旗。
精衛銜石空有心，口角流血天不知。
登高丘，望遠海，
弱水浩蕩不可航，一望令人玄發改。

這首詩描寫海上波濤洶湧，雲霧彌漫，鯨鯢橫行，以至於仙山瓊閣失去了光采，太陽也被迷失，這無疑是隱喻元末的動亂情形。以此爲背景，劉基推出的核心意象是：「精衛銜石空有心，口角流血天不知。」精衛是古代神話中的鳥名。亦稱「冤禽」。相傳爲炎帝女，名女娃。因遊東海淹死，靈魂化爲精衛，經常銜西山木石去填東海。見《山海經·北山經》及《述異記》卷上。陶淵明《讀山海經》詩：「精衛銜微木，將以填滄海。」即詠其事。後人常以「精衛填海」、「精衛銜木（石）」比喻意志堅決。劉基願以精衛銜石之心來報效元朝廷，可惜朝廷不理解他，致使他「口角流血」亦無濟於事。這是一個忠臣得不到賞識的悲劇。

聞雞起舞的豪情

追求不朽是中國哲人的共同目標，但所選擇的途徑卻互有不同。道教提出的方案是成仙，長生不老，永遠處於生命的青春狀態。但這畢竟只能是空想。禪宗倡導融入自然的生存方式：人以自然的方式對待自然，就能最終融入自然，成爲宇宙的一部分。這也就是蘇軾《赤壁賦》所謂「蓋將自其變者而觀之，則天地曾不能以一瞬；自其不變者而觀之，則物與我皆無盡也」。這種設想進一步延伸，即是小品式的人生態度：悠然從容，沖淡曠達，平靜地走完生命之路。這其實只是對短暫人生的一種藝術化的安排和闡釋。

比較而言，儒家對不朽的追求顯得嚴謹而崇高。《左傳·襄公二十四年》：「大（太）上有立德，其次有立功，其次有立言，雖久不廢，此之謂不朽。」這就是人們常說的「三不朽」：立德、立功、立言。「三不朽」說的「主旨是將個人有限的生命融入無盡的歷史。當一個人確立起崇高的道德，建樹起宏偉的功業，留下內容與形式雙美的言論、文字，其德、行、言影響時人和後人至深至遠，其人便經久而名不廢，與無止境的歷史同在。」（馮天瑜語）

在儒家思想培育下長大的劉基，自幼便樹立了建功立業的志向。

年輕的進士劉基，充滿聞雞起舞的豪情。

聞雞起舞，這是許多讀者所熟知的掌故。晉代的劉琨，「少負志氣，有縱橫之才」，與祖逖為友，意氣相期，情好綢繆。一天半夜，聞「荒雞」鳴叫，祖逖蹬醒劉琨，說：「此非惡聲也。」於是兩人起床共舞。荒雞，指在半夜不照一定時間啼叫的雞，古人以爲不祥。劉琨和祖逖常常相互勉勵，所以聽到雞鳴而起舞。後世因以「聞雞起舞」比喻志士及時奮發。劉基的《雞鳴曲》以「雞鳴」爲題，淋漓盡致地表達出志士自我奮勉的情懷：

日將出，雞先鳴，千門萬戶聽雞聲。
美人錦帳愁欲曙，壯士苦心煎百慮。
人間百年能幾日？日日雞鳴催日出。
一朝過了復一朝，白髮蕭蕭此生畢。
齊妃播淑德，感彼蟲薨薨。
周宣悟姜後，功業光中興。
亦知國家共如此，莫怪雞鳴催早起。

時不我待，盛年短暫，所以志士應勸勉砥礪，早建功業，「莫怪雞鳴催早起。」否則，少壯不努力，老大徒傷悲，追悔就來不及了。劉基的《思悲翁》說的就是後一層意思：

弱齡輕日月，邁景想神仙。
顧往諒無及，侍來徒自憐。
黃金棄砂礫，砌心煉丹鉛。
鑿石不得水，沉劍徒窺淵。
流光不我與，白髮盈華顛。
杖策出門去，十步九不前。
歸來對妻子，庖灶午未煙。
乾時乏計策，退耕無園田。
霜蒲怨青松，逝矢恨驚弦。
已矣復何道？吞聲赴黃泉。

這位「思悲翁」，年輕的時候不珍惜光陰，卻沉溺於求仙了道之中。正如「鑿石不得水，沉劍徒窺淵」一樣，他一無所獲，而青春流逝，早已白髮滿頭。想出去幹一番事業，苦於沒有計策；想隱居退耕，苦於沒有園田。妻、兒凍餓，百無聊賴，在悲傷之餘，他只好選擇自殺的方式來求得解脫（「呑聲赴黃泉」）。

劉基的《雞鳴曲》和《思悲翁》，第一首從正面擒題，第二首從反面入手，但都表達了一種將個體生命價值與歷史相融匯的意想，表達了這位元末進士希望成爲王朝的中流砥柱的心願。這種志士情懷，如能受到蒙古貴族統治者的賞識，元末歷史的許多細節或許都會改寫。

《聞高郵納款漫成口號》

已不止一位現代歷史學家責怪十四世紀中葉的漢族知識分子缺乏民族精神：當有了機會可以幫助他們擺脫異族的束縛和重建本民族的統治的時候，他們卻依然樂於做一名元朝的臣民或合作者。這樣的責怪自有理由，但稍嫌苛刻了些。因爲儒家文化所培養出的知識分子，更贊賞以建設性的態度擔負公共責任；倘不被重用，則以獨立特行的方式退隱；公然反對朝廷是很難贏得他們的認可的。劉基渴望成爲受元王朝賞識的忠臣，這在當時，是無可厚非的。倘若考慮到他的進士身分，就更不足爲怪。

由於在感情上與元王朝割捨不開，劉基對「叛亂者」充滿了憎惡之情，對元王朝的每一次勝利都由衷地感到歡欣鼓舞。作爲例證，我們來讀讀他的《聞高郵納款漫成口號》。

元順帝至正十四年（一三五四年）正月，張士誠在高郵建立政權，自稱誠王，國號大周，年號天祐。二月，元廷命淮南行省平章苟兒三道圍攻高郵。官軍爭攻亂陣，大敗。六月，張士誠南攻揚州。淮南行省平章達識帖睦邇率軍迎戰，大敗，諸軍皆潰。九月，丞相脫脫集合大軍，親攻高郵。「黜陟予奪，一切庶政，悉聽便宜行事；省、台、院、部諸司聽選官屬從行。西域、西番皆發兵來助。旌旗累千里，金鼓震野，出師之盛，未有過之者。」十一月，大敗張士誠軍，「城中窘蹙無計，破在頃刻。」

這時，劉基正被羈管於紹興，放浪山水，以詩文自娛。聽到官軍獲勝的消息，他心情振奮，揮筆寫了《聞高郵納款漫成口號》一詩：

聞道高郵已撤圍，卻愁淮甸未全歸。
聖朝雅重懷柔策，諸將當知虜掠非。
堯帝封疆元蕩蕩，世皇功業甚巍巍。
忠臣義士同休戚，縱欲尋安總禍機。

從這首詩看得出來，在朝廷與張士誠之間，劉基是完全站在朝廷一邊的。這也是當時大多數讀書人的態度。比如，本年六月，張士誠攻揚州，詩人張翥作有《寄成居竹，時張寇已受詔，而陰襲揚州》詩云：

戰骨填溝塵滿城，尚書歸說使人驚。
方期渤海民沾化，豈意平涼賊畔盟。
何日皇天知悔禍，中原父老望休兵。
傷心揚子洲邊月，忍聽江流是哭聲。

在張翥的亂世悲慨中，蘊含著對張士誠的強烈不滿。因此，無論是張翥，還是劉基，他們對官軍獲勝都會感到歡欣，否則倒眞是不可思議。如果說他們確實不滿於朝廷的話，那也是「布衣深爲廊廟憂」，旨在補台而非拆台。如劉基《次韵和孟伯眞感興詩》所說：

避難移家適遠鄉，憂時一夜百回腸。
徒聞鐵甲連戎壘，未睹鉤車跨賊隍。
不共班超爭食肉，欲尋木羽學休糧。
磨崖可勒中興頌，努力諸公佐有唐。

一方面爲時局擔憂，另一面勉勵將士共匡元室，這兩個側面不容分割。否則，我們就會犯盲人摸象的錯誤。

初入仕途的感慨

世路如何？險惡實多。

昨夜燈前相笑語，豈意今朝化為虎。

行路難

從一三三六年到一三四七年，劉基的經歷已經比較複雜。二十六歲任江西高安縣丞，爲官廉節，不畏強御，得罪了不少臣室，「豪右數欲陷之。」二十九歲時，處理過一樁人命案；案犯家屬仗著「蒙古根腳」，打算害死劉基，賴「江西行省大臣素知公」，「辟爲職官掾史」。次年，因與同僚議事不合，劉基憤怒之餘，辭官隱居。三十三歲，起用爲儒學副提舉使，行省考試官。三十六歲赴京，歸來後隱居丹徒。十年的大好光陰，就這樣無聲無色地消逝了。

出任地方官的曲折經歷，使劉基對世路險惡有很深的體會。他在《公無渡河》詩中寫道：

> 丈夫不愛死，成仁心所安。
> 殞身苟無故，哀哉徒自殘。
> 水能殺人人共知，公獨茫然狂以痴。

黃河渺渺無津涯，乃欲絕流而渡之。
公也溺死人誰悲！
世路如何？險惡實多。
平地倏忽，滔天風波。
利淫欲餌，孰知其他？
不見不聞，縱橫罔羅。
固不必如公之痴，可揕以魚中之鈹。
亦不必如公之狂，可禽以伏甲之觴。
眼前言笑百媚出，寧知兵刃羅心腸？
公無渡河河無津，箜篌一曲愁殺人。

以黃河渺渺喻世路風波，喻示出人類生活中笑裡藏刀的種種險惡，不是深有閱歷之人，不會發出這種感慨。

《行路難》二首的旨趣與《公無渡河》稍有不同：

君不見水上澌，往來倏忽隨波移。
又不見花上蜂，東枝飄落尋西枝。
世上食英不食蘗，莫倚結交心匪石。
君不見避席武安人，即是當年竇家客。
君不見白日光，不照幽草心；
又不見石上雲，膚寸遂成陰。
世間會合良難得，況有巧言能爍金。
伏波槀葬魏碑仆，當時豈是非知音？
智謀啟疑忠逆耳，平地反掌生崎嶔。
行路難，愁最深！

《行路難》的第一首說，密切的人際關係（「結交」）是靠不住的，因爲人心匪石，隨時可能發生變化。劉基並舉了魏其侯竇嬰與武安侯田蚡的事爲例。他們都是西漢大臣，因推崇儒術，同爲竇太后所貶斥。按說，二位應該心心相印，但竇嬰卻最終被田蚡陷害而死。尤其值得一提的是，當竇嬰已是大將軍時，田蚡尙在郎中令手下任職，時常往來於竇嬰府中，並且陪侍竇嬰飲宴。所謂「當年竇家客」指此。第二首說，巧言能夠爍金，即使是你的知己，也會因反覆出現的讒言而改變對你的信任。劉基舉了幾個例證，其中之一是伏波將軍馬援。馬援（前一四——後四九），字文淵，茂陵（今陝西興平縣東北）人，東漢名將。他曾說：「男兒要當死於邊野，以馬革裹屍還，何能臥床上在兒女子手中耶？」六十二歲時，還請求帶兵出征，最後死於軍中。據《後漢書・馬援傳》載：「南方薏苡實大，援欲以爲種，軍還，載之一車……及卒後，有上書譖之者，以爲前所載還，皆明珠文犀。」蒙冤被謗，落得稿葬的下場，「賓客故人，莫來吊會。」永平三年（公元六〇年），「帝思中興功臣，乃圖畫二十八將於南宮雲台，以鄧禹爲首，次馬成、吳漢、王梁、賈復、陳俊、耿弇、杜茂、寇恂、傅俊、岑彭、堅鐔、馮異、王霸、朱祜、任光、祭遵、李忠、景丹、萬修、蓋延、邳彤、銚期、劉植、耿純、臧宮、馬武、劉隆，又益以王常、李通、竇融、卓茂，合三十二人。馬援以椒房之親，獨不與焉。」一代名將，又是椒房之親，亦可因讒言而被疏遠，何況其他？所以，「知音」也是靠不住的。「平地反掌生崎嶔」，世路充滿了種種意想不到的危機！

「昨日燈前相笑語，豈意今朝化爲虎。」面對「世上茫茫化虎人」的現實，劉基兩度隱居，即意在躲避禍患。其《牆上難爲趨行》詩云：

弱水不可以航，石林不可以車。人生貴守分，牆上難為趨。茫茫八極內，狹徑父通衢。紛紛皆轍迹，擾擾論錙銖。焦原詫齊踵，龍頷誇探珠。片言取卿相，杯酒興翦屠。機事一朝露，妻子化為魚。林間有一士，蓬蒿翳窮廬。種稻一數畝，種桑八九株。有酒且飲之，無事即安居。孰知五鼎食？聊保百年軀。悠悠身後事，汲汲復何如！

晉代的張翰曾發「使我有身後名，不如即時一杯酒」之嘆，劉基則說：只要能保住性命，身後的事且別管它！「孰知五鼎食」一句，表明了劉基對功名富貴的捨棄。在《釣竿》中，他將這種功名富貴喻爲魚餌，奉勸世人（包括他本人）「長逝深潭莫貪餌」，詩云：「斫竹作釣竿，抽繭作釣絲。滄州日暖波漣漪，綠蒲茸茸柳葉垂，鈎纖餌香魚不知。石鱗激水溪毛動，玉燕回翔竿尾重。大魚入饌腮頰紅，小魚卻放淵澐中。更祝小魚知我意，長逝深潭莫貪餌。」這種意想折射出末世生活的陰影。

賢士無路

世路險惡，其表徵之一是賢士無路。劉基講過這樣一個故事：

蜀地有三個商人，都在集市上賣藥。其中一位專賣好藥，根據買進的藥價定出賣價，不賤賣，也不肯賺錢太多。另一位同時收進上等和下等藥材，藥材的貴賤只看買者的心願，要貴的就給他好藥，要賤的就給他差藥。第三位從不收進上等藥材，只管多收，賣價低廉，顧客要求添點，他就給添點，不大計較，於是顧客爭先恐後到這兒來，以致他家的門檻一月一換，一年多的時間，他就成了大富翁。那個兼賣上下等藥材的，顧客來的雖然少些，兩年之後，也富了起來。那個專賣上等藥材的商人，生意最壞，即使在大白天，他的鋪子也像夜晚一樣冷清，生意蕭條，以致他吃了早餐，就沒有晚飯。郁離子見到這種情況，感嘆道：「現在做官的，也是這種情況吧！從前楚國邊境上三個縣的縣官，其中一個很廉潔，但不能博得上司的歡心，離任的時候，窮得連雇船的錢都沒有，人們無不笑話他，認爲他太傻。另一位，常瞅準機會，能撈的時候就撈一點，人們非但不予指責，反而稱讚他賢明能幹。第三位無所不貪，用聚斂的錢財巴結上司，對待部屬爪牙像對親兒子般的關懷，對待富家大戶像對賓客似的熱情，不到三年就被舉荐，當上了管理法制的官，就連老百姓也稱讚他好，這不是很奇怪的事麼！」

故事中的三個商人，三個縣官，代表了三種不同的類型。他們品德各異，結局有別，概括說來，是好人遭殃，惡人得勢。劉基借以諷刺了元末賢士無路、不肖當道的現實。

劉基一向信奉儒家傳統的人格理想。生活在如此渾濁的社會風氣中，既然不願「淈其泥而揚其波」，就只能在「衆人皆醉我獨醒」的悲劇處境中忍受排擠與仇視。他在《苦哉行》詩中寫道：

雞不可使守門，狗不可使司晨。

驅車梁弱水，日暮空悲辛。

我欲乘風謁閶闔，虹霓彌天雲霧合。

九關虎豹森駭人，長跪陳詞閽不答。

錯石作璵璠，鬼神驚見欺。

截梁為檣櫨，般垂拊膺淚交頤。

衝風結玄冰，道惡不可履。

巫咸上天去，澤凍神蓍死。

我欲竟此曲，此曲多苦聲。

鴻雁向天北，因之寄遐情。

一面是「君門九重虎豹多」，「芳蘭委棄同蒺藜」，一面是劉基對元朝廷仍「一枝一葉俱有心」，「欲憑魂夢到君所」。「相思」愈深，失望愈重；失望愈重，痛苦愈大。這便是《長相思》一詩的核心內容：

長相思，在沅湘，九疑之山鬱蒼蒼。

青天蕩蕩林木喑，落日虎嘯風飛揚，
欲往從之水無航。
仲尼有德而不用，孟軻竟死於齊梁。
松柏摧折桂生蠹，但見荊棘如山長。
長相思，斷人腸。

連孔子、孟子這樣的聖賢尚且淪落不偶，何況他劉基？松柏摧折，荊棘如山，已是無可改變的現實狀況。當劉基痛苦地意識到這一點時，他發出了「長相思，斷人腸」的悲鳴——然而，對於他的這一片「相思」之情，元蒙貴族卻並不懂得珍惜！

賢士易遭讒毀

《菜根譚》有幾則處世格言說：

標節義者，必以節義受謗；榜道學者，常因道學招尤。故君子不近惡事，亦不立善名，只要和氣渾然，才是居身之寶。

處世不必與俗同，亦不宜與俗異；作事不必令人喜，亦不可令人憎。

在這種訓誨中，潛在地包含著「賢士易遭讒毀」的命題。惟其易遭讒毀，所以要和光同塵，外圓內方。劉基《梁甫吟》則從正面發揮這一命題：

誰謂秋月明？蔽之不必一尺雲。
誰謂江水清？淆之不必一斗泥。
人情旦暮有翻覆，平地倏忽成山溪。
君不見桓公相仲父，豎刁終亂齊；
秦穆信逢孫，遂違百里奚。
赤符天子明見萬里外，
乃以薏苡為文犀。
停婚仆碑何震怒，青天白日生虹霓。
明良際會有如此，

而況童角不辨菽與稊。
外間皇父中艷妻，馬角突兀連牝雞。
以聰為聾狂作聖，顛倒衣裳行蒺藜。
屈原懷沙子胥棄，魑魅叫嘯風凄凄。
梁甫吟，悲以凄。
岐山竹實日稀少，鳳皇憔悴將安棲？

「梁甫吟」，原爲樂府歌曲名。《楚調曲》之一。古之葬歌。《樂府詩集》引《樂府解題》云：「《梁甫吟》，蓋言人死葬此山，亦葬歌也。」「梁甫」，或作梁父，山名，在泰山下，死人聚葬之處。現存古辭寫齊相晏嬰以二桃殺三士事，傳爲三國蜀諸葛亮作。後世擬其題者，以唐李白之作最爲有名。劉基這首《梁甫吟》，「拉雜成文，極煩冤瞶亂之致。此《離騷》遺音也。」（沈德潛《明詩別裁集》卷一）他用幾個著名的歷史事例說明了「讒夫毀士」如雲蔽月一般容易。屈原被放逐自殺，伍子胥被吳王逼令自殺，這都是讒夫們的赫赫「業績」。以薏苡為文犀，典出《後漢書·馬援傳》：「南方薏苡實大，援欲以為種，軍還，載之一車……及卒後，有上書譖之者，以為前所載還，皆明珠文犀。」漢光武帝竟信以為真，大發脾氣，嚇得馬援「妻孥惶懼，不敢以喪還舊塋，稿葬城西，賓客故人，莫敢吊會」。漢光武帝以英明著稱，在他治下也會發生馬援蒙冤被謗的事，何況那些粟稊不辨的昏君。「童角」，即童牛角馬（沒用的牛和生了角的馬），比喻違背常理，不可能存在的事物。《太玄·更》：「童牛角馬，不今不古。」童牛角馬之輩做了帝王，哪還有賢士們的立足之地？

賢士易遭讒毀，這本是中國歷代賢士的共同感慨。《韓非子·內儲說上》載：

魏國大臣龐恭即將陪同太子作為人質，前往趙國都城邯鄲。臨行，龐恭問魏王：「假如現在有人告訴您，說鬧市上有一隻老虎，大王相信嗎？」魏王道：「我不信。」「假如有兩個人說有虎，大王相信嗎？」「我還是不信。」「假如有三個人說有虎，大王相信嗎？」「那我相信。」龐恭於是歸結說：「鬧市上沒有老虎，這本是明擺著的事情。但是，因為三個人都說有虎，聽者就信以為真。

現在，邯鄲之於魏國，比街市要遠得多，說我壞話的又超過三人，願大王明察。」後來，龐恭從邯鄲返國，聽信讒言的魏王，竟沒有召見他。

「三人成虎」，比喻說的人一多，就容易使人誤假為眞。龐恭事先向魏王說明了這一道理，魏王還是犯了錯誤。足見讒言易入。

《郁離子》中有《噪虎》一則，摹寫世情，入木三分：

郁離子因言論觸忤時人，為執政者所厭惡，想殺了他。有的大臣荐舉郁離子，說他頗為賢能，厭惡郁離子的人怕他受重用，在大庭廣衆之下抵毀他，當時在場的，多隨聲附和。有人問隨聲附和者：「你認識郁離子這個人嗎？」答：「不認識，但聽說過。」

有人將這種情形告訴郁離子，郁離子笑道：「女几山是喜鵲搭巢的地方。一天，叢莽中出現了一隻老虎，喜鵲連忙飛集一起，亂叫起來。八哥聽見了，也飛集一起，亂叫起來。鶪鶡见了，就問他們道：『虎，這是陸地上行走的動物，牠能把你們怎樣？竟這樣地亂叫一氣！』喜鵲答道：『虎嘯生風，我們恐怕風把我們的巢吹翻，所以叫起來，想把它趕跑。』再問八哥，八哥無話可答。鶪鶡不禁笑道：『喜鵲的巢搭在樹梢，怕風，所以看到虎就擔心地叫起來；你們住在洞穴裡，並不怕風，幹嘛也跟著亂叫！』」

一人吠影，衆犬吠聲，其結果是衆口鑠金：衆口一詞，可以混淆是非。這，也許是賢士易遭讒毀的原因之一。而在元代，蒙古貴族之猜疑漢官，還有更大的原因，即種族偏見。難怪劉基會反覆談論這一話題了。

感士不遇：傳統主題的新內涵

感士不遇，本是中國古代知識分子經常抒寫的一個傳統主題。劉基的行路難之嘆，一方面包含了人心叵測的生活體驗，另一方面也寓有感士不遇的情懷，但應該特別指出：在感士不遇這個傳統主題中，劉基融入了全新的內涵。

元朝是蒙古貴族統治者在中國建立的一個王朝。他們規定漢族人和女眞族人只能擔任次要的官職，主管長官都由蒙古人或色目人充當，推行一種民族歧視政策。這使許多有才能的漢族知識分子得不到施展抱負的機會。劉基對此深有感觸，許多年後，他寫《郁離子》這部寓言集，還以異常沉痛的筆墨，反覆討論這一問題。

《千里馬》是《郁離子》的第一篇。郁離子的馬產了一匹駃騠，人們都說：「這是一匹千里馬，必須送到皇帝的御馬房去。」郁離子非常高興，遵從人們的意願，把這匹千里馬送到了京城。皇帝派太僕去察看，太僕看了，說：「這馬確乎是一匹好馬，但它不是河北出產的。」於是，這匹千里馬竟被安置在皇宮外的馬房裡。

用千里馬的遭遇來比喻才智之士的遭遇，這是一個來歷久遠的母題。《列子》中的「九方皋相馬」，《戰國策》中的「驥遇伯樂」、「買駿骨」，都爲許多讀者所熟知。而韓愈的雜文《馬說》，發揮「千里馬常有，而伯樂不常有」的命意，亦頗爲精闢。

劉基的千里馬故事仍著眼於才智之士的遭遇，但卻有著鮮明的時代色彩。馬雖然是千里馬，只因不是河北所產，便得不到千里馬的待遇。這是對元代的民族歧視政策的諷刺。

在元朝的社會政治生活中，民族等級是逐漸明確起來的。一共分爲四等：蒙古人、色目人、漢人和南人。蒙古人包括蒙古民族共同體的大約四十餘個部落。所謂「色目」，是「各色各目」之意，包括蒙古人以外的其他少數民族。所謂「漢人」，指原來金朝統治下的漢族和漢化的女真、契丹等族。所謂「南人」，指忽必烈攻滅南宋時仍在南宋統治下的漢族。蒙古人最高貴，色目人次之，漢人已相當低下，最卑微的是南人。這種民族之間的等級差別，表現在社會政治生活的各個方面，比如，在官制方面，中書省、樞密院、御史台的首席長官都由蒙古人擔任，色目人擔任的很少，漢人、南人更只能擔任副貳職務；在軍事方面，兵籍和用軍是機密大事，一概由蒙古人掌握，漢人、南人被排除在外；在刑法方面，蒙古人因爭鬥或酒醉毆死漢人，徵燒埋銀，斷罰出征，而漢人只要毆傷蒙古人，就會被處以死刑。劉基的《千里馬》，一方面抨擊了元朝的這種民族歧視政策，同時也流露出他本人懷才不遇的憤懣。

《郁離子》的另一篇《八駿》也對因不平等的用人制度而造成的畸形社會生活現象進行了抨擊和諷刺。寓言首先讚揚了穆天子和造父根據馬的良駑來區別待遇的做法，這樣，「上下其食者莫不甘心焉」。但是，後來的馬政管理者卻不會識別馬之良駑，而只能以產地來區別其待遇，其結果是可想而知的。《八駿》描述道：

穆王死了，造父死了，八駿也死了，對於好馬、劣馬，再無人能夠識別，遂只好按產地和毛色來區分。因此，冀北一帶所產的純色馬，被列爲上乘，養在天閒廄，用來駕周王的乘輿；其中的雜色馬，被列爲中乘，養在內廄，作爲駕乘輿的後備，或作戰時使用；冀州和濟水、黃河以北所產馬，養在外廄，爲諸侯、公卿大夫及出使四方的使臣駕車；長江、淮河以南產的馬，是散馬，只能傳遞消息、傳送東西，或幹各種雜活，重大的事兒，沒牠們的份。那些養馬人的待遇，依照馬的等級，仍遵循造父時的舊例。到了周夷王末年，強盜蜂起。按規定，內廄的馬應該參戰，可這些肉滿膘肥的馬，嬌懶慣了，聽到鉦鼓聲就嚇得後退，望見旌旗，就嚇得逃竄。沒法，只好搭配一些外廄的馬。內、外廄的養馬人，因而鬧起了意見。不久，跟強盜相遇，外廄的馬先上陣，打敗了強盜。強盜逃走後，內廄的馬，卻又爭著先上，冒充是自己的功勞。於是外廄的人和馬感到心灰意冷。強盜趁機來攻，內廄的人、馬四散奔逃，外廄的人、馬見了，不去援救，也逃走了。夷王害怕極了……

《八駿》的描述，是對元末情形的隱喩。劉基提醒讀者：作爲元朝國家機器重要組成部分的軍隊，衰敗廢弛，元朝的統治行將瓦解。元蒙統治者可說是自食其果。

儒生心事

在用人的問題上，劉基與執政者之間曾發生過一次耐人尋味的爭論。劉基問：「如今用人，是僅僅爲了充數呢，還是爲了選拔優秀人才，靠他們管理好國家？」執政者答道：「當然是爲了選拔優秀人才，發揮他們的作用。」劉基說：「這樣說來，相國的政治舉措與相國的言論是不相符的。」執政者反問道：「這是什麼意思？」劉基解釋說：「我聽說過，農夫種田，不用羊負軛；商人載貨，不用豬拉車。因爲，知道牠們不能勝任這種事，怕將事情弄砸了。所以，夏、商、周三代選拔人才，一定要學習一段時間才具備做官的資格，一定要試用一段時間才正式任命，不考慮他的出身（如種族等），只問他是否賢能。如今的監察部門，乃朝廷的耳目所寄，是特別重要的機構，難道只講究儀表、服裝和言語嗎？而您在選用官員時，不從天下賢能中擇取，卻盡任命那些世家子弟中長得漂亮的，可見，您對國家的愛，還比不上農夫之愛田、商人之愛車。」執政者聽了，口頭許可劉基的話，心裡卻感到惱火。

劉基的這些意見，旨在批評元蒙統治者在用人問題上的種族之見。這也是當時眾多漢族儒生的共同不滿：他們滿腹經綸，卻不爲元朝所用。作爲參照，可讀與劉基同時的另兩位詩人的作品。一是陳高的《感興》：

客從北方來，少年美容顏。
綉衣白玉帶，駿馬黃金鞍。
捧鞭揖豪右，意氣輕丘山；
白雲金張胄，祖父皆朱幡，
不用識文字，二十為高官。
市人共咨嗟，夾道紛駢觀。

如何窮巷士，埋首書卷間，

年年去射策，臨老猶儒冠。

一邊是「不用識文字，二十爲高官」的「世冑昵近之都那豎」，一邊是「年年去射策，臨老猶儒冠」的滿腹經綸的讀書人，兩相對比，更見出元代民族歧視政策的荒謬。

另一首詩是貞一齋的《觀獵》，其中幾句是：

儒生心事良獨苦，皓首窮經何所補？

胸中經國皆遠謀，獻納何由達明主？

貞一齋所表白的「儒生心事」尤近於劉基。這種懷抱經世之志而不見用的苦悶長期折磨著劉基的心靈。

中國歷史上的「治人者」即國家管理人員，大體上經由兩條途徑形成。一類是「生成的」，即靠血統、家世取得統治地位，這在「封土而治」、「分地而食」的西周，是一種主要的途徑。一類是「做成的」，即靠某種學識、能力或治績取得統治地位，所謂「學而優則仕」、「以學干祿」，就反映了這種情形。秦漢以來的中國，以「做成的」爲主，「生成的」也沒有絕跡：歷代的「皇親國戚」便以血統、家世、門第爲首要條件；而元蒙貴族又進一步擴大了「生成的」作用：蒙古人、色目人即使不學無術，亦不妨身居高位；漢族知識分子無論學識、能力多好，也難以占據要津。

這是歷史的倒退。

如此看來，劉基的「儒生心事」並不只是表達了個人的哀怨，它還具有廣泛的社會意義。

「望幸良獨難」

北宋詩人王安石，在罷相後隱居於金陵半山園。這期間，他作有《君難托》一詩：

槿花朝開暮還墜，妾身與花寧獨異？
憶昔相逢俱少年，成君家計良辛苦。
人事反覆那能知，讒言入耳須臾離。
嫁時羅衣羞更著，如今始悟君難托。
君難托，妾亦不忘舊時約！

詩以夫妻諭君臣，抱怨宋神宗對他王安石未能堅定不移地給予支持，以致變法流產。舊日的士人經常在詩詞中以女性自比，此其一例。

劉基《長門怨》云：

白露下玉除，風清月如練。
坐看池上螢，飛入昭陽殿。

相傳，陳皇后一度深得漢武帝的寵幸，後被疏遠，孤獨地住在長門宮中。昭陽殿，據班固《西都賦》：「昭陽特盛，隆於孝成。」古代小說、戲曲中常以昭陽宮爲皇后所居之宮。當失寵的陳皇后在難耐的寂寞中看著螢火蟲飛入昭陽殿時，她心裡能不湧起陣陣酸楚嗎？這裡，劉基以陳皇后自況，抒發了他被元朝廷遺棄的痛苦。相似的例子還有《玉階怨》：

長門燈下淚，滴作玉階苔。

年年傍春雨，一上苑牆來。

這首詩的設想極巧。苔宜於在潮濕之地生長，故在春雨中蔓延很快；劉基格外加以強調的是：這苔是失寵者的淚所化成。於是，苑牆上處處布滿的苔，就成了失寵者淒涼情懷的寫照，而它們年年攀上苑牆，又無疑表達了一種復得親幸的渴望。寫得如此哀感纏綿，竟然沒有打動元朝皇帝的心，真令人忍不住咄咄書空。

比較而言，《美女篇》的旨趣較爲顯豁：

南國有美女，粲粲玉雪顏。

眉目艷華月，色暎清秋寒。
粉黛不敢涴，佩服惟幽蘭。
一朝備選擇，得廁金宮班。
貞心耻自炫，望幸良獨難。
況蒙衆女妒，倩笑難為歡。
恒恐芳桂枝，寂寞零露漙。
素手發瑶琴，冷冷奏孤鸞。
宮商合要妙，遺響風珊珊。
大音世罕識，日暮空盤桓。
安得托宵夢，集君瑶台端？
相思不可極，躑躅起長嘆。

「幸」，指得到帝王寵愛。一方面耻於自我誇耀，另一方面又遭衆女的妒忌，這樣一位女子，想得到帝王寵愛的確是非常難的。劉基在社會政治生活中的境遇如此，「躑躅起長嘆」乃題中應有之意。

以鳳凰自命

「不知腐鼠成滋味，猜意鵷雛竟未休。」這是唐代詩人李商隱的名句，典出《莊子·秋水》。大意是說：鵷雛這種鳥，目標遠大。它從南海飛往北海，沿途非高大的梧桐樹不棲息，非潔淨的竹實不入口，非清甜的泉水不飲用。這天，一隻貪饞的鴟鷹得到一隻發爛的老鼠，當鵷雛從上空飛過時，鴟鷹唯恐鵷雛爭食，抬頭怒目而視，吼叫道：「嚇！」

鵷雛是鳳凰的一種，牠怎麼會去爭一隻臭老鼠呢？莊子以鳳凰自命，表明了自己不屑於世俗利祿的高貴品格。

劉基也時常以鳳凰自命，或以鳳凰比喻那些出類拔萃的人。其《畫竹歌爲道士詹明德賦》云：

我所思兮在瀟湘，蒼梧九疑渺無際，

但見綠竹參天長。

上有寒煙凝不飛，下有流水聲琅琅。

中有萬古不盡離別淚，

化作五色丹霞漿。

穿崖貫石出厚地，風吹露滌宵有光。

我欲因之邀鳳凰，天路脩阻川無梁。

孰知畫史解人意，能以造化歸毫芒。

虛堂無人白日靜，使我顧盼增慨慷。

玄霜慘烈歲將晏，鷤嗁鶗叫天悲涼，

我所思兮杳茫茫。

山中紫筍春可茹，歸來無使遙相望。

這首詩將與竹有關的兩個掌故打并在一起。一是斑竹（即湘妃竹）的傳說。相傳，「舜南巡，葬於蒼梧，堯二女娥皇、女英淚下沾竹，文悉爲之斑。」一是鳳凰只吃竹實。鳳凰在古代常用來比喻才德高超之人，鳳有竹實可餐則象徵著高才逢時。劉基所見到的並非眞竹，而是畫竹，但情之所至，仍不禁呼喚鳳凰歸來。這裡，「鳳凰」是指詹明德。

《題趙學士色竹圖》中的鳳凰則是比喻包括劉基本人在內的元末的那些傑出人士：

竹性本孤直，磬折良可憐。
由來剛介有摧挫，歲寒然後知貞堅。
虛堂無人清氣會，日滿高林風影碎。
漆園蝴蝶去茫茫，冷落瀟湘蒼玉佩。
我思美人淇水隈，路永莫致增悲懷。
雪霜紛糅嵐實晚，不知鳳凰來不來。

《詩經·衛風·淇奧》云：「瞻彼淇奧，綠竹猗猗。」意爲：看，在那淇水之濱，綠色的竹林柔嫩美盛。淇水源出淇山，古爲黃河支流，屬衛國境內（今河南省）。南朝梁任昉《述異記》云：「衛有淇園，出竹，在淇水之上。」「我思美人淇水限」，原因正在於淇水多竹，但可惜路途太遠，無由得到。而眼前所見，雪霜交加，竹生實太晚，鳳凰無竹實可餐，怎麼可能來呢？這比《畫竹歌爲道士詹明德賦》之呼喚鳳凰「歸來」，調子又低沉了幾許。

《雙桐生空井》尤其沉痛地表達了劉基對元末現實的絕望：

雙桐生空井，井空桐葉稀。
葉稀不自蔽，鳳鳥將安歸？
雙桐生空井，井泥泉不出。
桐根日夜枯，何由伐琴瑟？

鳳凰是棲息在梧桐樹上的，而眼下雙桐葉落，鳳凰已無枝可依。賢士無路，報國無門，字裡行間洋溢出莫可名狀的凄涼意緒。此處的「鳳凰」，即劉基本人。

中國古代的知識分子，其人生道路大體呈現爲「達則兼濟天下，窮則獨善其身」的格局。所謂「獨善其身」，典型的方式即是隱居：一方面，當事人藉此撫平內心的傷痛，另一方面，隱居也是等待時機東山再起的必要過渡。

隱居已成爲劉基的合適選擇。

有骨莫葬武溪水

放棄對富貴的追逐，這在劉基或許不難做到。但作爲一個不世出的豪傑，要他完全抑制其豪傑氣概，卻是不可能的。清初黃宗羲《南雷文定》後集卷一《靳熊封詩序》說：「從來豪傑之精神，不能無所寓，老莊之道德，申韓之刑名，左遷之史，鄭服之經，韓歐之文，李杜之詩，下至師曠之音樂，郭守敬之律曆，王實甫、關漢卿之院本，皆其一生之精神所寓也。苟不得其所寓，則若龍攣虎跛，壯士囚縛，擁勇鬱遏，坌憤激訐，溢而四出，天地爲之動色，而況於其他乎！」那麼，對劉基最富於魅力的「所寓」之處是什麼呢？是在動亂迫近的年月展示他的謀略！其《武陵深行》所表達的正是這樣一種嚮往：

武陵溪，一何深。

水有射工射人影，陸有丹蛇長百尋，

嗟哉武溪不可臨。

溪之水，深且闊。

鳥不敢飛，龍不敢越。

海氣連天日月昏，菵露著人肌肉裂。

嗚呼！丈夫寧能沙場百戰死，

有骨莫葬武溪水。

「武陵」即今湖南常德，晉代陶淵明所描寫的桃花源就在這裡。《桃花源記》以令人沉醉的筆墨告訴讀者：「晉太元中，武陵人捕魚爲業。緣溪行，忘路遠近。忽逢桃花林，夾岸數百步，中無雜樹，芳草鮮美，落英繽紛。漁人甚異之。復前行，欲窮其林。林盡水源，便得一山。山有小口，彷彿若有光，便捨船從口入。初極狹，才通人。復行數十步，豁然開朗。土地平曠，屋舍儼然，有良田美池桑竹之屬。阡陌交通，雞犬相聞。其中往來種作，男女衣著，悉如外人；黃髮垂髫，並怡然自樂。」在陶淵明筆下，桃花源不僅幽美恬靜，而且風俗淳樸，「直於污濁世界中另闢一天地，使人神遊於黃農之代。」但劉基卻突出描寫武陵溪的令人恐怖的情景，並用「隱居亦不能躲避災禍」的副主題反襯出他內心的強烈願望：這位風華正茂的豪傑，寧願戰死於沙場，也不願在隱居中默默無聞地耗費掉自己的生命！他的《出塞曲》不妨說就是對想像中的自我風度的展示：「居延風高榆葉空，狼煙夜照甘泉宮。將軍授鉞虎士怒，蚩尤亙天旗尾紅。麒麟前殿催賜酒，已覺此身非己有。猛氣遙將日逐吞，壯心肯落嫖姚後！雁門城外沙如雪，玉帳霜濃鐵衣折。長劍須拔瀚海雲，哀笳莫怨天邊月。北風烈烈刁斗鳴，回看北斗南方明。驚箭離弦車在坂，不勒燕然終不返。」如此雄心勃勃，劉基遲早是會出山的。

官逼民反

自官箴既墜，而肉食者多。民廢田業，官亦不知；民學遊手，官亦不知；民多饑餒，官亦不知；民漸行劫，官亦不知。如此，即不免至於盜賊蜂起也。……

史臣之為此言也，是猶寬厚言之者也。若夫官知某州，則實何事不知者乎？關節，則知通也；權要，則知跪也；催科，則知加耗也；對籍，則知罰贖也；民戶殷富，則知波連以逮之也；吏胥狡獪，則知心膂以托之也。其所不知者，誠一無所知；乃其所知者，且無一而不知也。嗟乎，嗟乎，一無所知，僅不可以為官；若無一不知，不且儼然為盜乎哉！

——金聖嘆《〈宋史綱〉〈宋史目〉批語》

天高皇帝遠，民少相公多，一日三遍打，不反待如何！

——黃溥《閒中今古錄摘抄》

元末的精英階層

元至正八年（一三四八年），劉基三十八歲，寓居臨安（今浙江杭州）。這年十一月，方國珍在浙江台州舉兵反元。至正十一年（一三五一年），劉基四十一歲，仍寓居杭州，優遊山水。這年五月，韓山童、劉福通等利用白蓮教組織反元。八月，邳縣人李二（芝麻李）聯絡趙君用、彭大等八人攻占徐州城。彭瑩玉、徐壽輝、鄒普勝為領袖的西系紅巾軍，置蓮台省，建國號天完，建元治平，推徐壽輝為皇帝。北瑣紅巾軍攻克唐、鄧、南陽、嵩、汝、河南府等地。南瑣紅巾軍攻克均、房、荊門、歸州等地。

面對風起雲湧的反元力量，劉基的態度如何呢？

《劍橋中國明代史》指出過這樣一個事實：在元王朝的最後年代中，中國的精英階層越來越消極了。由於不能在國家事務中享有高官厚祿，許多精英人物貧困了下來，這就迫使他們要改換門庭，去做吏胥、教師、職業作家、和尚和生意人，等等。這就在知識階層和整個社會之間造成了不正常的關係。但一般說來，中國的精英階層已經接受了蒙古統治的合法性，因此，他們並沒有去搞顛覆活動，發表不同政見，或者急於參加反對這個政體的叛亂。他們接受元王朝的合法性，一直期望它有所改進，就是當遇到政府有不可避免的失誤時，他們也還是迫切地希望保持自己家鄉的有秩序的現狀。如果說元王朝從他們這些社會的天然領袖身上得到的支持越來越少，那麼，許多反對元王朝的「叛亂」分子，特別是那些沒有維持傳統的社會規範的藉口的人，也沒有得到他們大規模的自發的合作。

並非偶然，劉基是這個「精英階層」中富於代表性的成員之一。他既不滿於元王朝政治的腐敗，又敵視對元王朝統治權威的公然挑戰。這種態度，與劉基的進士身分有關，並經由一系列的詩文和行動表現出來。

我們試做歷時態的考察。

劉基的士紳傾向

至正十二年（一三五二年），劉基四十二歲。這年三月，「方國珍復劫其黨下海，入黃岩港。台州路達魯花赤泰不花率官軍與戰，死之。」（《元史》卷四二《順帝紀》五）劉基聽到這一消息，痛惜非常。他詛咒方國珍有如「猰貐升堂」，「騶虞以爲妖」，他抱怨元朝廷冷遇泰不花這樣的「忠臣」，「元綱不振，國亡以待。」同年七月，徐壽輝所部紅巾軍攻入杭州，劉基滿腔悲憤，情不自禁地寫下了《悲杭城》詩：

觀音渡頭大狗落，北關門外塵沙惡。
健兒披髮走如風，女哭男啼撼城郭。
憶昔江南十五州，錢塘富庶稱第一。
高門畫戟擁雄藩，艷舞清歌樂終日。
割膻進酒皆俊郎，呵叱閑人氣驕逸。
一朝奔進各西東，玉斝金杯散蓬蓽。
清都太微天聽高，虎略龍韜緘石室。
長夜風吹血腥入，吳山浙河慘蕭瑟。
城上陣雲凝不飛，獨客無聲淚交溢。

這位熱淚橫流、吞聲飲泣的「獨客」，可視爲劉基本人。面對「血雨腥風」，他的傳統士紳傾向鮮明地顯示出來了。在《北嶺將軍廟碑》這篇散文中，他也口口聲聲呼紅巾軍爲「賊」：「至正十二年，妖賊入江浙行省，烽火通於蕭山，百姓驚竄，市井皆空。……」

同年七月，劉基奉江浙行省檄任元帥府都事，參預浙東鎮壓方國珍軍務。八月至永嘉，作《壬辰歲八月自台州之永嘉度蒼嶺》，其中有「盜賊逭天誅，平人溝災眚」的句子。不久又作《登卧龍山寫懷二十八韻》，對元朝廷仍寄予厚望：「良辰復幾何？白日忽中昃。周流睨圓方，俯仰觀動植。有水必趨東，無星不拱北。宗社固神靈，至尊實恭默。」他以爲，只要「朝廷鑒往轍，中自誅貪愎」，士氣、民心仍可資一用，「殄蟊賊」、「誅鬼蜮」是可以辦到的。這裡，劉基揭示了問題的關鍵：能否順利「平叛」取決於政治的好壞。《贈宗道六十四韻》詩更集中發揮了這一想法：「邊戎大重寄，得人則金湯。龔遂到渤海，盜賊還農桑。張綱入廣陵，健兒跪如羊。苟能任仁智，勿使憸邪妨。孟門雖險艱，可使成康莊。」龔遂是西漢山陽南平陽（今山東鄒縣）人，字少卿。初爲昌邑王劉賀郎中令，勇於諫諍，剛毅有大節，昌邑王被廢，他也受連累罰爲城旦。漢宣帝初，渤海及附近各郡饑荒，「盜賊並起」，郡守不能制。漢宣帝命龔遂爲渤海太守，問息盜之術，龔遂說：「治亂民，猶治亂繩，唯緩之然後可治，願無拘文法。」宣帝表示同意，龔遂到郡，「悉罷逐捕盜賊吏，持田器者皆爲良民，持兵者乃爲盜賊。因勸民務農桑，有帶刀劍者，使賣劍買牛，賣刀買犢」，諸郡大治。張綱，字文紀，東漢犍爲武陽（治今四川彭山東）人。順帝時，任御史，上書反對宦官專權。漢安元年（一四二年），與杜喬、周舉等八人奉命分巡州郡，七人都外出赴任，唯獨他將車輪埋在洛陽都亭，說：「豺狼當道，安問狐狸！」劾奏大將軍梁冀及其弟河南尹梁不疑，京師震悚。「時廣陵賊張嬰寇揚、徐地，（梁）冀欲以事中之，乃以（張）綱爲廣陵太守。」張綱赴任，單騎來到張嬰營壘，喻以禍福，張嬰感悟，當即率所部歸降，南州晏然。在郡一年，得疾，吏人咸爲祈福，死後，爲之制服行喪，負土成墳。劉基舉龔遂、張嬰的事爲例說明：只要吏治清明，撥亂反正並不困難。言外之意是對元末政治提出批評。如同他在《爲竺西和尚題溪山茅屋圖》中所說的那樣，普通老百姓的願望其實並不高：「但願長官廉，吏卒莫我毒。耕稼納王租，世世還相續。」如此善良的百姓，也會造反，當然是由於官太貪，吏太虐：「況聞太行東，水旱荐爲虐。饑氓與暴客，表裡相倚著。賑恤付群吏，所務惟刻削。征討乏良謀，乃反恣剽掠。坐令參苓劑，翻成毒腸藥。」（劉基《過東昌有感》）官逼民反，在上者不能辭其咎。

兩大主題

從前面的討論，我們已經可以看出，劉基的士紳傾向呈現爲兩個側面：既想維護元王朝的正統地位，又對「元綱不振」極爲痛恨，因此，他這一時期的創作，集中於兩大主題。其一是堅決主張「平叛」，其二是尖銳指責貪官汚吏或熱情頌揚清官良吏。表達第一主題的如《從軍詩五首送高則誠南征》之四：

人言從軍惡，我言從軍好。
用兵非聖意，伐罪乃天討。
運籌中堅內，決勝千里道。

雷霆馘蛟鼉，雨露澤枯槁。
懷柔首煢獨，延訪及黎老。
牧羊必除狼，種穀當去草。
凱歌奏大廷，天子長壽考。

高則誠即南戲《琵琶記》的作者高明。至正八年（一三四八），方國珍在浙東聚眾起事，高明被調為浙東閫幕都事，參與鎮壓方國珍軍務。至正十三年（一三五三年），方國珍接受元朝招撫，高明也以任滿告歸。《從軍詩》即作於一三四八——一三五三年間。全詩氣概昂揚，可見劉基那種有志於建功立業的豪邁風采。

表達第二主題的如《題林以仁平反詩卷》：

木伐豈再植，璧毀寧復完？
議獄有緩死，聖言垂不刊。
兩造既偏聽，無辜遘凶殘。
況復使其孥，流離播夷蠻。

司牧盡瞠視，佐史獨悲酸。
抗詞動鬼神，潤澤生枯乾。
死者縱不生，魂魄亦獲安。
孤兒雖不夭，且得依故山。
聖人邁種德，惠及毛與翰。
雲胡任民寄，視之如草菅？
為君歌此曲，歌竟起長嘆。

此詩圍繞一件冤獄的平反立意，強調：身爲地方官，切不可將老百姓的生命視如草菅。林以仁只是一名「佐史」，卻敢於向怒目瞠視的「司牧」提出不同意見，其詞氣慷慨，足以感動鬼神。劉基表彰了這位唯一（「獨」）的有良心的官員，也就抨擊了其他（「盡」）草菅人命的掌權者。

官逼民反

出於對貪官污吏的痛恨，經由對元末動亂的觀察和思索，劉基得出了官逼民反的結論。

劉基《感時述事十首》之五以官逼民反爲主旨，詩語剴切之至：

古人有戰伐，誅暴以安民。
今人尚殺戮，無問豺與麟。
濫官舞國法，致亂有其因。
何為昧自反，一體含怒嗔？
斬艾若草芥，虜掠無涯津。
況乃多橫斂，殃禍動得臻。
人情各畏死，誰能坐損身？
所以生念慮，嘯聚依荊榛。

暴寡憚強梁，官政惟因循。
將帥各有心，邈若越與秦。
遷延相顧望，退托文移頻。
坐食挫戎機，養虺變蛇鱗。
遂令耕桑子，盡化為頑嚚。
大權付非類，重以貽笑顰。
鼠璞方取貴，和璧非所珍。
但恐胥及溺，是用懷悲辛。

詩的關鍵一句是：「致亂有其因。」這個「因」在朝廷方面：濫殺生靈；擄掠百姓；橫徵暴斂。貪官污吏橫行霸道的結果，是使民衆動輒遭遇禍患。「人情各畏死，誰能坐捐身？」爲了逃得一條性命，只好鋌而走險，嘯聚山林。元朝的官吏，在善良的百姓面前是狼，在造反的強梁面前是羊。平日如凶神惡煞，而一上戰場，卻「遷延相顧望，退托文移頻」，坐失討伐良機，致使小病釀成膏肓之疾：當成千成萬的「耕桑子」（農民）被裹挾著加入造反隊伍時，元朝大勢已去，局面再也不可挽回。

讀劉基的這首詩，我首先聯想到的是《水滸傳》。《水滸傳》的寫作時間與劉基詩相近，而旨趣亦若合符節，絕非偶然，而是植根於他們共同的社會背景。《水滸傳》開頭便寫高俅發跡和逼走王進的事，作者的用意是什麼呢？評點家金聖嘆有兩段精彩分析：

一部大書七十回，將寫一百八人也，乃開書未寫一百八人，而先寫高俅者，蓋不寫高俅，便寫一百八人，則是亂自下生也；不寫一百八人，先寫高俅，則是亂自上作也。亂自下生，不可訓也，作者之所必避也。亂自上作，不可長也，作者之所深懼也。一部大書七十回而開書先寫高俅，有以也。

高俅來而王進去矣。王進者何人也？不墜父業，善養母志，蓋孝子也。吾又聞古有「求忠臣必於孝子之門」之語，然則王進亦忠臣也。孝子忠臣，則國家之祥麟威鳳，圓璧方圭者也，橫求之四海而不一得之，豎求之百年而不一得之。不一得之而忽然有之，則當尊之，榮之，長跽事之。必欲罵之，打之，至於殺之，因逼去之，是何為也！王進去而一百八人來矣。

金聖嘆的分析，直指導致天下大亂的「因」，他的意見是「亂自上作」。這與劉基說的「濫官舞國法，致亂有其因」可以相互印證。高俅這樣的「濫官」玩弄國法，將王進這類忠良逼得走投無路，國家能不亂嗎？自然，王進雖被逼也仍未造反，但被逼太甚因而奔上梁山的卻也大有人在，林沖是代表。林沖是頗能逆來順受的：高衙內調戲他的妻子，他受「不怕官，只怕管」的觀念支配，自行熄滅了胸中怒火。他被陷害刺配滄州，還打算「掙扎著回來」。在前往滄州途中，兩個解差對他肆意折磨，他還是低聲下氣。直到最後，高俅派人火燒草料場，他不逃走就會被判死刑時，才下定決心上了梁山。

劉基說：「人情各畏死，誰能坐捐身？所以生念慮，嘯聚依荊榛。」這彷彿是在剖析林沖的心理。林沖聽了，一定會首肯的。

官逼民反，劉基與《水滸傳》的作者得出了同樣的結論。

貪暴者之鑒

劉基還曾以虎喻官，以鹿喻民，提醒執政者不為已甚：

老虎追逐麋鹿，麋鹿狂奔。俯視前有懸崖，麋鹿縱身一跳，老虎也跟著跳，結果一起摔下懸崖，死掉了。

劉基攝取以上鏡頭，意在為貪暴者提供一個教訓：勿逼民太甚。劉基分析說：「麋鹿跳下懸崖，是迫不得已：前有懸崖，後有猛虎，無論進、退，都不免一死。如果後退，只能被老虎吃掉，絕無得生的希望；跳下懸崖，當然是九死一生，但萬一絕處逢生，也比等老虎來吃掉強。至於老虎，或前進或後退，全在牠自己，並非迫不得已，但牠卻跟著麋鹿跳了下去，究竟是為了什麼呢？麋鹿雖然摔死，卻是和老虎同歸於盡；如果牠不跳崖，就不能引得老虎一起死亡。這當然是由於老虎愚蠢，同時也因為麋鹿的主意拿得好。唉，這隻愚蠢的老虎，倒值得貪婪而殘暴的人永遠引為教訓！」

劉基的意思，在上述議論中還略嫌含蓄。再說白一點，可以表述為：如果統治者逼民太甚，老百姓就會揭竿而起，與統治者同歸於盡。因爲，不造反，只有死路一條；造反雖然也是死，但還有僥倖得生的可能。

劉基《贈周宗道六十四韻》所描述的即是官逼民反的情形：

永嘉浙名郡，有州曰平陽。
面海負山林，實維甌閩疆。
閩寇不到甌，倚茲為保障。
官司職防虞，當念懷善良。
用民作手足，愛撫勿害傷。
所以獲衆心，即此是仞牆。
奈何縱毒淫，反肆其貪攘？
破廩取菽粟，夷垣劫牛羊。
朝出繫空橐，暮歸荷豐囊。
丁男跳上山，妻女不得將。

稍或遞所求，便以賊見戕。
負屈無處訴，哀號慟穹蒼。
斬木為戈矛，染紅作巾裳。
鳴鑼撼岩谷，聚眾守村鄉。
官司大驚怕，棄鼓撇旗槍。
竄伏草莽間，股慄面玄黃。
窺伺不見人，喘汗走倀倀。
可中得伙伴，約束歸營場。
順途劫寡弱，又各誇身強。
將吏悉有獻，歡喜賜酒觴。
殺賊不計數，縱橫書荐章。
民情大不甘，怨氣結腎腸。
遂令父子恩，化作蠹與蝗。
恨不斬官頭，剔骨取肉嘗。

劉基說：永嘉是浙閩的疆界，爲了阻止閩寇進犯，官府應善待永嘉父老，這樣，衆志成城，自然兩浙安寧。但官員們的所作所爲恰好相反。他們搶劫百姓的「菽粟」、「牛羊」，擄掠百姓的「妻女」，稍有不從，便當作叛亂者加以殺害。百姓有冤無處訴，只好「斬木爲戈矛」，加入了紅巾軍。當民衆眞的開始武裝反抗時，官員們卻又膽小如鼠了。他們伺機逃走，沿途劫奪「寡弱」，激起了更大的民憤，以至到了「恨不斬官頭，剔骨取肉嘗」的程度。

《老子》說：

民不畏威，則大畏至。無狎其所居，無厭其所生。（人民不怕統治者的威力的時候，更可怕的事就要發生了。不要逼迫得人民不得安居，不要阻塞了人民謀生的道路。）

這些話，可以當作劉基詩的注腳來讀。

元官多「烏」

譚嗣同說過，中國「二千年之政，秦政也，二千年之學，荀學也」。歷史學家夏曾佑曾歸納出秦人革古創新的十大要點：并天下；號皇帝；自稱曰朕；命爲制，令爲詔；尊父爲太上皇；天下皆爲郡縣，子弟無尺土之封；夷三族之刑；相國、丞相、太尉、御史大夫……郡守、郡尉、縣令皆秦官；朝儀；律。在這十項「創造」中，最基本的措施，則是「天下皆爲郡縣，子弟無尺土之封」。因爲有了這一條決定，皇帝便集政治經濟大權於一身，他就富貴無比，尊嚴無比、成爲國家的象徵；他的旨意遂成爲制、成爲詔、成爲聖諭；而從他那裡分得權力的大小官僚，就得仰承其鼻息，成爲他的奴才和走卒，順他則昌，逆他則亡。

於是，朝廷中的阿諛、貪婪之徒自然一天比一天多，因爲，他們最善於討得帝王的歡心。

我們這樣說，不是否認各級官吏中存在有良心和有作爲的人，事實上，歷代王朝中都不乏值得欽佩的「中國的脊樑」。但專制政體的存在，確乎爲阿諛、貪棼之徒的產生提供了肥沃的土壤，尤其是在皇帝昏庸的朝代。

元順帝正是一個昏庸的皇帝。

劉基目睹朝廷中的層出不窮的邪惡者，一種厭惡之情油然而生。在他看來，這些人的可惡，與烏鴉不相上下。元官與烏之間的相似性，觸發了作爲寓言家的劉基的靈感，他忍不住要對元官加以冷嘲熱諷了。

劉基虛構了一個頗爲有趣的故事：

燕王喜歡烏鴉，庭前的樹上，都築有烏鴉巢，無人敢觸犯牠們。原因是牠們能預知吉凶，掌管禍福。故國家有大事，唯烏鴉的鳴聲是聽。烏鴉得寵，更加自尊自大，凡客人到來，烏鴉們便「呀」個不停，別的鳥都不敢飛來。於是，官員和百姓奉之若神明。

烏鴉攫食腐爛的東西，弄得庭前一片腥臭。新繼位的燕王感到厭惡。身旁的大臣說：「這是先王喜愛的鳥！」一天晚上，有貓頭鷹落在庭前，群烏斜著眼打量它，然後湊過去，彷彿是牠的同類。貓頭鷹飛入宮中號叫，燕王叫人將牠射了下來。貓頭鷹死後，烏又一邊「呀」、「呀」地叫著，一邊啄食牠。對這種行徑，人們都覺得十分醜惡。

劉基這個故事中的烏，所隱喻的是朝廷中的宵小。群烏亂朝，一片臭穢，多阿諛之徒，集貪婪之輩，這樣的政權，還有什麼理由存在下去？

在《鴟鴞好音》中，劉基又將朝中奸佞，比做群鳥。「王之左右皆能鳴者也。故王有過，則鳴以文之；王有欲，則鳴以導之；王有事，則鳴以持之；王有聞，則鳴以蔽之；王臣之順己者，則鳴以譽之；其不順己者，則鳴以毀之。凡有鳴必有爲。故其鳴也，能使王喜，能使王怒，能使王聽之而不疑。是故王國之吉凶惟其鳴，王弗知也，則其不祥孰大焉。」

或隱喻，或明喻，劉基的筆鋒是夠犀利的。

諷受賄者

元代官吏受賄成風。比如，阿合馬賣官鬻爵，導致江南官員冗濫；興和富民向京官行賄，用車騎運載楮幣；開平富民向丞相納賂，數量竟多達六萬緡。官吏腐敗，最終導致了元王朝的覆滅。目睹王朝機體的潰爛，劉基非常痛心。他曾引

「麝被逐則抉其臍」的經驗之談來諷喻那些受賄者，大意是說：

在東南一帶的珍貴物品中，有一種即荊山的麝臍。荊人逐麝，當麝感到很危險時，就趕緊抉出肚臍，投在草叢中，逐麝的人去尋麝臍，麝因此得以脫險。令尹子文聽說了這種情況，感慨說：「這種獸的智慧，有人所不及之處。那些因為受賄而殃及自身及全家者，確實還比不上麝！」

麝抉肚臍，這一設想與《左傳》昭公二十二年「雄雞斷尾」的故事有相近之處：

賓孟適郊，見雄雞自斷其尾。問之，侍者曰：「自憚其犧也。」（牠怕被人選作祭品而殺掉）遽歸告王，且曰：「雞其憚為人用乎？……」

「雄雞斷尾」的故事很有名，一再被人引用。如陸佃《埤雅·狨》云：「取其尾為臥褥、鞍被、坐毯。狨甚愛其尾，中矢毒，即自嚙斷其尾以抑之，惡其為深患也。犛牛出西域，尾長而勁，中國以為纓，人或射之，亦自斷其尾。左氏所謂『雄雞自斷其尾』。」董逌《廣川畫跋·雄雞斷尾圖》亦云：「余聞麝被逐則自抉其臍；猩猩被執則嚙其膚；蚺蛇取膽者或不死，見人則示其創處；翠碧人網得之，不急取則斷其羽毛。凡物憚爲世用者，其慮皆知出此，然不若雄雞先患而預圖之。」

爲了避免禍患，連禽獸也懂得割捨身上珍貴的東西，而元末官吏們卻不懂。嘆惋之餘，劉基又寫了《食鮐》一篇：

司城子之圉人之子，食鯸鮐而死，弗哭。司城子問之曰：「父與子有愛乎？」曰：「何為其無愛也？」司城子曰：「然則爾之子死而弗哭，何也？」對曰：「臣聞之：死生有命，知命者不苟死。鯸鮐，毒魚也，食之者死，夫人莫不知也。而必食以死，是為口腹而輕其生，非人子也。是以弗哭。」

司城子愀然嘆曰：「好賄之毒其猶食鯸鮐乎？今之役役者無非口腹之徒也，而不知圉人之弗子也，甚矣！」

明知鯸鮐有毒，食之而死，這種爲口腹而輕其生的人，連他父親也不拿他當兒子看。劉基的言外之意是：那些因受賄而身死家破的人，咎由自取，沒有任何人會同情他們！

也許不應忽略，官貪吏污本是所有專制王朝的共同病症。漢高祖對蕭何強買民田宅數千萬」所表示的憂容，宋太祖鼓勵石守信等人「多積金帛田宅，以遺子孫」，都表明一點：專制帝王所要求於臣下的，主要是「忠實」，而不是「清廉」，或者說，「忠實」遠比「清廉」重要。唯其如此，官吏們只要忠實於帝王或上級，貪污腐化是不會受到嚴厲懲處的。阿合馬等人便是例證。

然而，積微成著，當老百姓終於忍無可忍起來清算他們的罪惡之時，也就是他們身死家破、統治根基徹底崩潰之日。

躁人的失誤

《禮記·中庸》中有這樣一句話：「射有似乎君子。失諸正鵠，反求諸其身。」意思是：射箭的道理與君子的爲人之道相似。射箭的人沒有射中箭靶，就反過來責求自己。

劉基所批評的「躁人」，其為人之道恰與君子相反。他射箭不中箭靶，就把箭靶撕碎，下棋下不贏，就咬棋子。有人勸他說：「這並不是箭靶和棋子的過錯，何不反省反省，從自己身上找原因呢？」他壓根兒聽不進去，終於因這急躁的毛病而死掉了。

躁人的失誤是發人深思的。劉基由此得到的啓迪是：百姓猶如箭靶，執政者則是射箭的，射得其道，就能命中；軍士猶如棋子，將軍則是行棋者，行得其道，就能取勝。「致之無藝，用之無法，至於不若人而不勝其憤，恚非所當恚，烏得而不死？」

這位「恚非所當恚」的躁人，當然是比喻元王朝的統治者。劉基藉射者與箭靶、行棋者與棋子的關係，闡明一個道理：國家管理得不好，是由於在上者「不得其道」。老百姓怨恨朝廷，軍隊常打敗仗，這都不能怪老百姓和軍士。在《養鳥獸》一篇中，劉基還以「養鳥獸」比喻治人之道，其宗旨與《躁人》相通。語云：

鳥獸之與人非類也，人能擾而馴之，人亦何所不可為哉！鳥獸以山藪為家，而豢養於樊籠之中，非其情也，而卒能馴之者，使之得其所嗜好而無違也。今有養鳥獸而不能使之馴，則不食之以其心之所欲，處之以其性之所安，而加矯迫焉，則有死耳，烏乎其能馴之也？人與人為同類，其情為易通，非若鳥獸之無知也。而欲奪其所好，遺之以其所不好；絕其所欲，強之以其所不欲，迫之而使從。其果心悅而誠服耶？其亦有所顧畏而不得已耶？若曰非心悅誠服而出不得已，乃欲使之治吾國徇吾事，則堯、舜亦不能矣。

的確，如果執政者不能使百姓「得其所欲」，卻逼著他們接受非人的待遇，如此「肉食者」，百姓怎麼會與之同心同德呢？射不得其道，是不可能中靶的。劉基此論，已直逼中國傳統的民本思想：民爲邦本，只有得到民衆的擁護，天下才能治理好。一味地「虐民」、「殘民」、「罔民」，那是獨夫民賊的行徑。而按照孟子的意見，獨夫民賊，國人可以共誅之。所以，老百姓造反，首先得歸罪於執政者的措置不當。

「勸天下之作亂者，招安之說」

夫美其辭，則曰「赦」曰「贖」，其實正是溫語求息。失朝廷之尊，一也。……壞國家之法，二也。……

武功者，天下豪傑之士捐其頭顱肢體而後得之，今忽以為盜賊出身之地，使壯夫削色，五也。……

有罪者可赦，無罪者生心，從此無治天下之術，七也。

——金聖嘆《〈宋史綱〉〈宋史目〉批語》

方國珍屢降屢叛

至正十三年（一三五三年）前後，是否招安方國珍成爲政治生活中的一個敏感問題。劉基反對招安，與元朝當局的意見尖銳對立。爲了使讀者明瞭此次衝突的非同小可，有必要對相關背景材料加以介紹。

方國珍，台州黃岩人，世以販鹽浮海爲業。同里有蔡亂頭者，在海上行劫，被官府追捕。元至正八年（一三四八年）十月，方國珍因受到株連，與弟方國瑛及鄰里避禍者逃入海中，聚衆數千人，勢奪漕糧，擒元海道千戶。元浙江參政朵兒只班領兵進討，在福州五虎門，被方國珍擒捕。方國珍脅迫朵兒只班上奏朝廷，國珍兄弟皆授予官職。這是方國珍第一次接受招安。《元史》卷一八六《歸暘傳》載：「國珍遣人從朵兒只班走京師請降。暘曰：『國珍已敗我王師，又拘我王臣，力屈而來，非眞降也。必討之以令四方。』時朝廷方事姑息卒從其請。後果屢叛，如暘言。」

至正十年（一三五〇年）十月，方國珍再次入海，攻掠溫州等地。元江浙行省左丞孛羅帖木兒領兵進討。至正十一年（一三五一年）六月，方國珍擒孛羅帖木兒，請降。元朝再授方國珍兄弟官職。這是方國珍第二次接受招安。《元史》卷一四三《泰不華傳》載：「既而孛羅帖木兒密與泰不華約，以六月乙未合兵進討。孛羅帖木兒乃於壬辰先期至大閭洋，國珍夜率勁卒縱火鼓噪，官軍不戰皆潰，赴水死者過半。孛羅帖木兒被執，反爲國珍飾詞上聞。泰不華聞之痛憤，輟食數日。朝廷弗之知，復遣大司農達識帖木兒等至黃岩招之。國珍兄弟皆登岸羅拜，退至民間小樓。是夕，中秋月明，泰不華欲命壯士襲殺之，達識帖木兒適夜過，泰不華密以事白之。達識帖木兒曰：『我受詔招降耳，公欲擅命耶？』事乃止。檄泰不華親至海濱，散其徒衆，拘其海舟、兵器。方國珍兄弟復授官有差。既而遷泰不華台州路達魯花赤。」葉子奇在《草木子》卷三上《克謹篇》中就此事大發感慨說「嗚呼！邊方貪官既失之於始，中宮寵後又失之於終，當賞而不賞，當刑而不刑，刑賞之柄既失，紀綱於是乎大壞，而中原之寇起矣。」

至正十二年（一三五二年）三月，元朝因劉福通等在穎州起事，募舟師守江，方國珍又走入海。台州路達魯花赤泰不華到海上招降，被方國珍殺死。

方國珍屢降屢叛，朝廷刑賞不當，其後果是人心解體，元王朝失去了為數眾多的忠心耿耿的擁護者。對此，葉子奇在《草木子》卷三上《克謹篇》中有中肯的描述：「及方寇起，瀕海豪傑如蒲圻趙家、戴綱司家、陳子游等，傾家募士，為官收捕，至兄弟子侄皆殲於盜手，卒不沾一命之及，屯膏吝賞至於此！其大盜一招再招，官已至極品矣。於是上下解體，人不向功，甘心為盜矣。……」葉子奇所說確屬實情。湯綱、南炳文所著《明史》在論及朱元璋順利攻占浙東地區時指出，其原因之一「是浙東地主與元朝政府的離心力越來越大」。如最初組織武裝協助元軍鎮壓方國珍的幾家豪族，「至兄弟子侄皆殲於盜手，卒不沾一命之及」。胡深「治軍殆十年，勤勞亦至矣，而朝廷無一命之錫」。劉基全力協助元朝政府鎮壓紅巾軍，結果是「置公軍功不錄」。又如王毅，當紅巾軍攻占龍泉時，組織了近萬人奪回縣治，但後來卻被元朝政府所殺。「傾家事守御，反以結嫌猜。」劉基《感時述事十首》中的這兩句詩道出了當時漢族士紳的憤懣心情。所以朱元璋的軍隊一到，其中不少人就投向了朱元璋。

招安之弊

至正十三年（一三五三年）三月，朝廷命江浙行省左丞帖里帖木兒、江南行台侍御史左答納失里招諭方國珍。當時劉基正任浙東行省都事。他堅決反對招安方國珍，理由是：方氏首先倡亂，殺官吏，掠平民，決不能寬貸，「宜捕而斬之」；至於「宗黨脅從詿誤，宜從招安議」。在劉基看來，「勸天下之作亂者，招安之說。」「草間群盜俱縻爵，天下何人尚力耕？」其《感時述事十首》之七充滿郁憤之氣地寫道：

虞刑論小故，夏誓殄渠魁。
好生雖大德，縱惡非聖裁。
官吏逞貪婪，樹怨結禍胎。
法當究其源，翦除去根荄。
蒙龍曲全宥，駕患於後來。

濫觴不堙塞，滔天谷陵頹。
總戎用高官，沐猴戴毋頷。
玉帳飫酒肉，士卒食菜苔。
未戰已離心，望風遂崩摧。
招安乃倡議，和者聲如雷。
天高豹關遠，日月照不該。
俱曰賊有神，討之則蒙災。
大臣恐及己，相視若銜枚。
阿諛就姑息，華紱被死灰。
奸宄爭效尤，無風自揚埃。
嘯聚逞強力，謂是爵祿媒。
黎民亦何辜，骨肉散草萊？
傾家事守御，反以結嫌猜。
慟哭浮雲黑，悲風為徘徊。

赤子毋不憐，不如絕其胚。

養梟逐鳳凰，此事天所哀。

胡為尚靡定，顛倒肶與頬？

春秋戒肆眚，念此良悠哉。

這首詩大體突出了這樣幾個方面：一、沐猴而冠的大將敵不過「叛軍」，遂倡招安之論，朝中大臣擔心自己被遣出「平叛」，於是默認了這種荒唐的建議。二、「叛亂者」一得官後，奸宄爭先效尤，無風揚塵，嘯聚者益衆，循規蹈矩的百姓慘遭塗炭。正是：「豺狼封豕咸登用，城郭丘民委若遺。」（劉基語）

鼓勵奸宄倡亂是招安一弊。它的另一弊端是，由於朝廷用官爵賞盜，致使賢能之士蔑視官爵，不再願意親近朝廷。《郁離子·慎爵》說的就是這個意思。「物之所貴於天下者，以其少有而難得也。如使明珠如沙，黃金如土，則人皆得而有之，其何以能貴乎？故服有章，爵有等，使人不可以妄覬，然後王命尊而榮辱行。此鼓舞天下之奇貨也。」劉基還打了個比方來印證這一見解：

從前，趙王得到一塊于闐美玉，讓人雕成玉爵，說：「往後，有功的人用它喝慶功酒。」邯鄲之圍解除後，趙惠文王跪捧著玉爵敬酒，祝魏公子長壽。魏公子敬謝，視玉爵爲寶物。故鄗南之役，趙孝成王沒有別的賞賜，就用這只玉爵斟酒給將士們飲，將士們喝了，都非常高興。這時候，趙國人誰能用這只玉爵喝一次酒，看得比十乘的俸祿還重。等到趙王遷讓一個舐痔的佞人用這只玉爵喝過酒後，適值秦國攻趙，李牧擊退敵軍，趙王再用這只玉爵來給將士們飲酒慶功，將士們都非常憤怒，誰也不願用它喝酒。

同是這只玉爵，何以從前那麼尊貴，而後來如此鄙賤呢？劉基的解釋是：「故同是爵也，施之一不當，則反好以爲惡。不知寶其所貴而已矣。」言下之意是：朝廷用官爵賞盜，官爵也就不再尊貴，賢能之士當然會鄙視它了。

劉基還有《賞爵》一篇，亦論以官爵賞盜的流弊。他指出：以官爵賞盜，則官爵猶如處女變成了妓女，稍有尊嚴的人，都不會再親近它。誠所謂：「有爵與縻亡命賊」，「吾當拂衣臥山云」。（劉基語）

養梟

劉基還曾用梟來比喻方國珍之流。他講了這樣一個寓言：

楚國的太子用梧桐樹的果實來餵養貓頭鷹，希望牠能因此發出鳳凰的叫聲。春申君提醒他說：「這隻鳥是貓頭鷹，牠生來本性就特別，本性是不會改變的，用梧桐樹的果實餵養牠又有什麼用呢！」

朱英聽說了這件事，就對春申君說：「您知道貓頭鷹不會因爲用梧桐樹的果實餵它而變成鳳凰，可是您所奉養的賓客，無一不是鼠竊狗偷的無賴之徒，您寵幸他們，給他們以榮譽，以佳肴美酒款待他們，讓他們穿著綴有明珠的鞋子，期待他們像國士那樣報效於您。以臣的眼光來看，這與用梧桐的果實餵養貓頭鷹，而希望牠發出鳳凰那樣美妙的聲音，又有什麼區別呢？」

春申君仍不省悟，終於被李圓所殺害，可是家中所養的士，卻沒有一個能報效於他。

《養梟》一則，與紀昀所講的一個故事頗有相似之處。那故事見於《閱微草堂筆記》卷十五：

獻縣一令，待吏役至有恩。歿後，眷屬尚在署，吏役無一存問者。強呼數人至，皆猙獰相向，非復曩時。

夫人憤恚，慟哭柩前，倦而假寐。恍惚見令語曰：「此輩無良，是其本分。吾望其感德已大誤，汝責其負德，不又誤乎？」霍然甦醒，遂無復怨尤。

紀昀和劉基都認識到一點：不要指望那些本性惡劣的人改邪歸正。但他們所抨擊的對象明顯不同：紀昀指斥胥吏，劉基則以方國珍一類接受招安的叛亂首領為諷刺對象。在劉基看來，無論朝廷怎樣恩惠有加，方國珍這種人也依然會懷有貳心。其《以野狸餉石末公因侑以詩》云：

野狸性狡猾，夜動晝則潛。
縶之籠檻中，耳弭口不呥。

當其得意時，足爪長且銛。
跳踉逞俊捷，攫噬靡厭饜。
貧家養一雞，冀用易米鹽。
爾黠弗自食，尋聲竊窺覘。
破柵舔肉血，淋漓汗毛髯。
老幼起頓足，心中刺刀鐮。
東鄰借筌蹄，西鄰呼玁獫。
系耳翳叢灌，設伏抽陰鈐。
彼機欻已發，此欲方未欿。
絲繩急纏繞，四體如黐黏。
野人大喜慰，不敢私烹燖。
持來請科斷，數罪施剜劖。
使君鎮方面，殘賊職所殲。
械送致麾下，束縛仍加箝。

腥膏忝污鉞，朧胔或可腌。
芼芳和糟醬，頒賜警不廉。
黃雀利螳螂，碎首泥塗沾。
烏鴉殉腐肉，噴墨身受淹。
此物亦足戒，申章匪虛詀。

詩中的野狸，或許也是隱喻方國珍之流：關在籠中時，他們俯首帖耳；而一旦得意，就會跳踉搏噬。狸的本性是改不了的。

同樣，梟的本性也是改不了的。方國珍屢降屢叛，爲劉基的這一論斷提供了有說服力的證據。

僧人救虎

蒼莨山上的溪水，匯合流入大江。有個僧人在山上建了座廟宇，奉佛修行，很是恭謹虔誠。一天晚上，山洪暴發，沖毀的房子，在水中漂浮而下。人們騎在樹上，或者登上屋頂，呼喊求救聲連成一片。僧人弄來一隻大船，穿蓑戴笠，站在水邊，督促熟習水性的人，手持繩索等待著。見有人漂來，就投下木頭、繩索，把他拉上岸，救活的人很多。第二天天剛亮，水中漂來一隻野獸，身子沒在水中，只有頭浮出水面，左顧右盼，像是在向人們求救。僧人說：「這也是一條生命，快把牠救上岸來！」船夫們應聲前往，用木頭把牠接上船來，原來是隻老虎。剛上船時，迷迷糊糊的樣子，只是舔它身上的濕毛；等到上了岸，就兩眼直瞪著僧人，接著一躍而起，把僧人撲倒在地上。船上的人趕來搭救，僧人才沒被咬死，但卻受了重傷。

劉基的《救虎》，其寓意是很明白的：虎總是要吃人的；對於吃人的虎，不應抱有任何的同情和幻想。它使我們想起另外兩則寓言。一是《伊索寓言》中的《農夫和蛇》，是明代馬中錫的《中山狼傳》，即著名的「東郭先生和狼」的故事。看來，對於邪惡者不能講慈悲，乃是古今中外哲人的共識。

劉基反對救虎，這一命題與方國珍事件有關。據黃伯生《故誠意伯劉公行狀》，方國珍兄弟聽說劉基「建議招捕」，大懼，向劉基行賄，被嚴加拒絕。

「帖里帖木耳左丞使其兄子省都鎮擾以公所議請於朝。」方國珍於是將大批財物從海路運往京城，凡省、院、台官員一律行賄，加以收買。結果，朝廷准予招安，授方國珍官職。「乃駁公（劉基）所議，以爲傷朝廷好生之仁，且擅作威福。罷帖里帖木耳左丞輩，羈管公（劉基）於紹興。……是後方氏遂橫，莫能制，山越皆從亂如歸。」

元朝廷的所謂「好生之仁」，與僧人救虎屬於同一類型。它所導致的局面是：方國珍愈益橫行無忌，再也無法控制。難怪劉基會大發感喟了：丈夫深戒婦人之仁，養虎遺患悔莫及。

放浪山水，豈其本心哉

群盜縱橫半九州，干戈滿目幾時休。
官曹各有營生計，將帥何曾為國謀！
猛虎封狼安荐食，農夫田父困誅求。
抑強扶弱須天討，可怪無人借箸籌。

——劉基《憂懷》

王右軍抱濟世之才而不用，觀其與桓溫戒謝萬之語，可知其人矣。放浪山水，抑豈其本心哉？臨文感痛，良有以也。而獨以能書稱於世，悲夫！

——劉基《題王右軍蘭亭帖》

「國有忠而不知兮」

至正十三年（一三五三年）十月，劉基因建議捕斬方國珍，爲上官所駁斥，被羈管於紹興。

這種生活，延續了將近三年。

黃伯生《誠意伯劉公行狀》記載：「公在紹興，放浪山水，以詩文自娛。時與好事者遊雲門諸山，皆有記。」黃伯生的概述，就大體事實而言是對的，但忽略了劉基此時的內心痛苦，而這是不應忽略的。比較起來，道光《會稽縣志稿·寓賢》的記載就具有更多的歷史眞實性：「（上官）駁基擅作威福，羈管紹興，基發憤痛哭，嘔血欲自殺，家人力阻之。於是居紹興，放浪山水，以詩文自娛，凡新、剡、蕭、暨諸名勝，遊賞殆遍，而盤桓雲門諸山最久，俱有記。」

爲了理解劉基，我們先說一件往事。

元順帝至正十二年（一三五二年）三月，台州路達魯花赤泰不華率官軍與方國珍作戰，「死之。」泰不華死節後，劉基撰有《吊泰不華元帥賦》，賦云：

世有作忠以致怨兮，曾不知其故然。懷先生之耿介兮，遭時運之可憐。上雍蔽而不昭兮，下貪婪而不貞。權不能以自制兮，謀不能以獨成。進欲陳而無階兮，退欲往而無路。……忠固不求人知兮，於先生其何傷？國有忠而不知兮，喟皇天之不祥。……

這篇賦，一方面表達了對元室忠臣泰不華的敬仰之情，由此可見劉基的士紳傾向，但更爲重要的另一方面，卻是抒發對元綱不振的憤慨。像泰不華這樣才幹卓越的忠臣，元王朝卻不予重用，反而多方牽制，使之「謀不能以獨成」，竟死於「叛亂者」之手。「將軍戰敗死，玉帳空無人。」元王朝自毀長城，不亡何待？

「上天意茫茫，感嘆空悲辛。」劉基傷泰不華之不遇，亦寓有自我的人生感慨。黜陟不明，比干遭尸，政治如此昏亂，君子唯有大呼奈何了。史載劉基被羈管紹興時，「感憤至欲自殺，門人錫里實抱持之得不死」，確乎不是偶然的。其《艷歌行》詩云：

亭亭松柏樹，結根幽澗隈。

高標拂雲日，直干挑風雷。
曾經匠石顧，謂是棟梁材。
明堂未構架，厚地深栽培。
熒星入天闕，武庫一朝災。
搜求到棟朴，谷赤山成垓。
般爾死無人，鉤繩付輿台。
路阻莫自致，棄之於草萊。
天寒斧斤集，歲莫空摧頹。
三光無偏照，四氣有還回。
斫喪在須臾，成長何艱哉！
孰知真宰意？悵望使心哀。

一種痛苦於棟梁之材被斫傷的情懷，洋溢在字裡行間。所謂「曾經匠石顧，謂是棟梁材」，大約指揭傒斯贊賞他一類的事。二十歲左右時，劉基與著名詩人揭傒斯相識，揭傒斯的評價是：「此魏徵之流，而英特過之。將來濟時器也。」因此，《艷歌行》的主旨乃是自傷不遇。

泰不華之死與劉基之被棄，作爲時代的縮影，爲元王朝的覆滅提供了有說服力的注釋。

自然，劉基依然期待著受到元王朝的重用。「孰知貞辛苦？」這是一種滿懷痛苦之情的期待。

居紹期間，劉基作有《題王右軍蘭亭帖》，其文云：「王右軍抱濟世之才而不用，觀其與桓溫戒謝萬之語，可以知其人矣。放浪山水，抑豈其本心哉？臨文感痛，良有以也。而獨以能書稱於世，悲夫！」稍微細心一點的讀者都能看出，這是借他人酒杯澆自己塊壘，他是不甘於懷抱濟世之才而不能建功立業的。

橫舟和尚

至元十三年（一三五三年），劉基作《送順師住持瑞岩詩序》。

說到武和尚，人們很容易想到《水滸傳》中的魯智深。但魯智深畢竟是小說形象，劉基筆下的橫舟和尚卻是生活中的一個眞實人物。其《送順師住持瑞岩詩序》云：

辛卯之歲（一三五一年），盜賊起四方。明年，予（劉基自稱）奉省檄，佐戎浙東，聞永嘉有橫舟和尚，善用矛、戟、弓、弩、刀、劍、戈、槊、撾、梃，通曲制官道主用之法，因禮致於台。時天寧寺住持舜田方宣力扞城，早夜不忘滅賊，見則大喜，舉以主其仙居三學寺。又明年（一三五三年），方氏納款請降，凡以兵事進用者措勿用，而有司敬和尚之德能，復以其教舉為瑞岩寺長老。

橫舟和尚的經歷，在劉基那個時代，是一個頗爲敏感的話題。十八般武藝，他幾乎樣樣俱全，正是平定叛亂的不可多得的人才之一，因此當劉基任浙東元帥府都事時，特禮聘他來到台州。方國珍接受招安，朝廷中的一幫目光短淺的大臣趁機排斥異己，所有以兵事被挺拔的人一律不再任用，橫舟和尚雖因其德能受有司敬重仍得爲瑞岩寺長老，但已不能發揮他的軍事才能了。「綠駬驊騮不服驂，王良造父亦難堪。」元王朝自棄人才，令劉基不勝悵惘。

與劉基並稱爲一代文宗的宋濂，寫過一篇傳奇性的散文《秦士錄》。秦人鄧弼，字伯翊，體力雄壯過人，性格放蕩不羈，能文能武，滿懷英雄抱負，卻無法實現，只能鬱鬱老死於山中。「天生一具銅筋鐵肋，不使立勛萬里外，乃槁死二尺蒿下，命也，亦時也。尙何言！」委之於「命」是無可奈何，委之於「時」則有理有據。一個扼殺人才的王朝，不倒坍才眞是世間一奇！

劉基至正十四年（一三五四年）秋所作《再用韻答嚴衍二上人》詩云：

蔓草萋迷野色微，嗷嗷鳴雁欲誰依？
殘花露淡胭脂曆，落木霜凋薜荔衣。
萬國舊聞車軌一，九州今見劫塵飛。
總戎安得英雄將，不放龍蛇起殺機！

其實，「英雄將」是有的，如橫舟和尙即是，只是朝廷不能放手委用而已。從這些詩句，讀者不難感到：劉基雖不得已而放浪山水，但對國是仍極爲關注。

與陸放翁的緣分

南宋詩人陸游是越州山陰（今浙江紹興）人。劉基閒居紹興期間，尚友古人，常讀陸游的作品，兩個傑出人物之間的心靈的呼應是值得予以關注的。《題陸放翁賣花叟詩後》約作於至正十四年，表達出對戰亂的深惡痛絕之情：

君不見會稽山陰賣花叟，賣花得錢即買酒。
東方出日照紫陌，此叟已作醉鄉客。
破屋含星席作門，濕螢生灶花滿園。
五更風顛雨聲惡，不憂屋倒憂花落。
賣花叟，
但願四海無塵沙，有人賣酒仍買花。

詩所抒發的乃是「寧爲太平犬，不做亂世民」的悲劇性感情。其背景，則是「山越之民皆從亂如歸」，想找一片安寧的隱居之地也找不到。「涉水有鼉野有狼，武陵桃花今渺茫，浩歌一曲增慨慷。」（《題界畫金山圖》）「武陵桃花今有無？展畫渾如夢中見。……安得此地結茅屋，寄書漫托雙飛燕。」（《金碧山水圖歌》）面對「豺狼在郊蛇在藪，府縣官曹但糊口」的亂世景象，念及「家鄉蕩析身轉蓬，棄置田園事奔走」的艱難處境，劉基一再慨嘆「今日何日此何鄉」，眞欲呼天搶地了。

寫作時間稍晚的《題陸放翁晚興詩後》則呈現出另一種情調：

雄劍閟寶匣，中夜蛟龍吼。
男兒抱志氣，寧肯甘衰朽？
松楠在深谷，枝葉拂星斗。
雖無般匠顧，勢自凌培塿。
昂昂商山翁，矯矯渭濱叟。
林泉不遐遺，軒冕亦固有。

奈何劉伶輩，賤身若芻狗。

徒生天地間，辜負髮與手。

三復詠斯章，千載吾尚友。

中國文學史上的陸游，常以馬背上的「狂生」自居。以身許國，意氣風發，表達「從軍」的熱情，抒發報國的激情，這是陸游之爲陸游的核心。所以梁啓超《讀陸放翁集》組詩的第一首稱道說：

詩界千年靡靡風，兵魂銷盡國魂空。

集中十九從軍樂，亙古男兒一放翁。

劉基向陸游認同，無疑地，也就是認同那種要「從戎」，要「擁馬橫戈」、「手梟逆賊」的豪情壯志，認同那種「一身報國有萬死」、「戰死士所有，恥復守妻孥」的英雄氣概，認同那種「胸次隘宇宙」的經天緯地的宏偉抱負。

劉基是不甘於無所作爲地「衰朽」下去的！

感時對景情何極

「放浪山水」和「以詩文自娛」是難以分開的。以遊興激發詩興，以詩情渲染遊情，可謂合則雙美，離則兩傷。

至正十四年（一三五四年）春，劉基偕會稽諸位士大夫先後遊歷了蕭山、南鎮、寶林等處，賦詩唱和，殆無虛日。我們來讀他的一首紀遊南鎮的詩（隋開皇十四年，詔以會稽山爲南鎮），〈三月八日偕徐成中楊澄源李子庚吳溥泉董朝宗黃中立程邦民湯仲謀王文明遊南鎮得禽字〉：

積雨霽芳甸，凱風來遠林。
逍遙出郊郭，徙倚散煩襟。
桂楫蕩清漣，長裾曳清陰。
肆覽夏王陵，流觀秦帝岑。
黃能安所之？荒楚自蕭森。

仰玩卉木榮，俯聆泉石音。
洋洋潭底魚，喈喈枝上禽。
昭融見天德，滉漾怡人心。
況有文彥友，溫恭比瑤琳。
獻酬禮不愆，詠歌詩彌深。
良辰豈易得？嘉會難屢尋。
願作膠與漆，無為商與參。
殷勤屬此章，冀以代兼金。

幾位友人偕遊南鎮，劉基興高采烈。雨後初晴，和風吹拂，春日的郊野，花朵燦然。他們一會兒蕩舟，一會兒登高；或仰觀嘉木，或俯聽泉聲；或賞游魚，或玩鳴禽。幾位友人不僅舉止得體，而且談吐不凡。這些都使劉基戀戀不捨。「良辰豈易得？嘉會難再尋。願作膠與漆，無爲商與參。」他希望朋友們能經常聚首，不要分離。但這怎麼可能呢？

果然，在一個多月後的一首紀友朋偕遊的詩中，我們便聽到了不祥之音。

《四月二十二日郊外遊得水字》：

草根螻蟈鳴，湖上蒹葭靡。
繁林滃深綠，清池散圓紫。
離居昧節序，陶情賴佳士。
泛舟出郊甸，緩步信所履。
壺觴展倡酬，及此晴日美。
嘯歌望山川，慷慨集悲喜。
豺狼未鼎鑊，郊野尚多壘。
鐵衣掛儒冠，好爵逮麻屣。
吾儕幸味苦，得似道傍李。
無思身外憂，適意聊復爾。
歸雲入禹穴，返照射宛委。

鳥啼樹有風，帆過煙生水。
興盡各言還，月明城角起。

飲酒唱酬，風日晴美，這是令人襟懷夷曠的。但目睹豺狼猶存、四郊多壘的現實，又怎麼能不悲悵？「無思身外憂，適意聊復爾。」故作達觀，更見得悲悵之深。如此世道，詩朋酒友相聚，也很難打起精神來。正如他的一首七律所寫的那樣：

柳暖花融草滿汀，日酣煙淡麥青青。
枝間好鳥鳴求友，水底寒魚陟負萍。
異縣光陰空荏苒，故鄉蛇豕尚膻腥。
感時對景情何極，悼往悲來總涕零。

這首詩題爲《春興》，作於至正十五年（一三五五年）初。這種「感時花濺淚，恨別鳥驚心」的情懷，有如低沉的簫聲，令人黯然神傷。

也許應該順便提到一樁史實。與劉基等人偕遊南鎮同時，在安徽滁州，朱元璋遇見了他的第一位智囊人物李善長。朱元璋問：「四方戰鬥，何時定乎？」善長答道：「秦亂，漢高起布衣。豁達大度，知人善任，不嗜殺人，五載成帝業。今元綱既紊，天下土崩瓦解，公濠產，距沛不遠，山川王氣，公當受之，法其所爲，天下不足定也。」朱元璋聽了，大爲高興。

朱、李有志於圖王之日，劉基卻依然在爲蒙古貴族治下的國計民生擔憂。歷史就是如此地富於戲劇性。

劉基與僧人

至正九年至十一年（一三四九——一三五一年）閑居杭州以及至正十三年至十五年羈管於紹興期間，劉基與僧人交往頗多。

元代後期的幾位皇帝，如文宗、順宗等，均一意佞佛。劉基對佛教則持一種審視、批評的態度，比如《郁離子·蛇蝎》篇，讚賞「楚人有見蛇蝎而必殺之者」的行爲，而對「曲爲之容」、「惟恐人之傷之者」加以非議，並毫不含糊地否定了佛教「不殺生」的主張：「毒人之蟲，中之者不死則痍，而曰必待其傷成而後可殺，是以人命同於蟲蛇，其失輕重之倫，不亦甚哉？近世之爲異端者，以殺物爲有罪報，而大小善惡無所別，故見惡物而曲爲之容，私於其身爲之，而不顧其爲人之害，其操心之不仁可見。」劉基的是非感是很鮮明的。

如同唐代的韓愈，雖詆毀佛教卻與僧人交友一樣，劉基與僧人亦過從頗密，並曾爲他們寫詩、作序，足見友情之深。試讀幾篇：

《送別燈和尙還鄉序並詩》云：「其爲浮屠也，豈果惑於其術之說而爲之哉？世治不古，爲民者日困。農疲於耕，而終歲不飽其食。工疲於作，而終歲不得休息。士不諧於時，而累累無所即。追呼徭役之可憐，誅求徵斂之無厭，皆足以累其身，愁其心。求全軀而苟安，舍是其何之乎？若師者其跡於是，而心則有所寓乎！」

《送柯上人遠遊詩序》：「柯上人者予之同邑人也，客遊於淨慈。」「今之爲士者欲遊四方，行李之往來，豐則患於盜賊，約則患於資糧之乏、裘馬之敝，當何所取給哉？獨浮屠以其徒爲一體，所至則如歸焉。窮山際海，何往而不可也？」

《竹川上人集韻序》：「余初來杭時，識竹川上人於祥符戒壇寺。見其爲歌詩，清越有理致，遂相與往來。」「今上人爲佛屠而志於儒，不泯於流俗，而著書以爲樂，年已老而愈不倦，是豈可以常人目之哉！自古有避世之士非一途矣，晨門荷蕢，偶耕賣藥，亦各隨其所處以求其志。若上人者，其避世之徒歟？」

這三篇作於居杭期間的文章，表達了劉基對幾位元末僧人的獨特理解。在他看來，他們之所以爲僧，並非「果惑於其術而爲之」，並非眞的信崇佛教，他們的精神依舊仍是儒學。只是由於「世治不古，爲民者日困」，忍受不了徭役、徵斂和盜賊的騷擾，才出家爲僧，藉以避世。他們與隱士殊途而同歸。

如此僧人，劉基當然願與他們爲友了。其《題瑞上人山水圖》云：

上人性僻耽山水，應是王維第一身。
蘭渚流觴新到越，藍田別業舊通秦。
驅馳翰墨同龍虎，簸弄風神感鬼神。

羈旅相逢聊自慰，莫思天地有煙塵。

又《崇福寺儔上人看山樓》（作於至正十五年）：

為愛山中世事疏，看山終日坐茅廬。

林花澗草香無際，翠壁丹崖錦不如。

禹穴風雷翻石鷁，耶溪波浪動金魚。

此時應愿寤幽棲樂，底用凌雲獻子虛！

這兩位「上人」（僧人），其品格實與隱居的劉基相近。「未須汗漫思身世，且可逍遙玩物華。」「青春院宇僧房好，白晝豺狼客路賒。」他們有著共同的感慨、共同的心願。

詩以諷諭爲主旨

至正十四年，劉基讀到了王冕此前的所有詩作。

在居紹期間所寫的《送張山長序》中，劉基提出了詩以諷諭為主旨的見解。其文云：「稽山書院山長張君用中，受代將歸。友生具酒肴祖送越西門外。」「老子曰：富貴者送人以財，仁者送人以言。」「於是命楮筆各為歌詩，俾余序焉。余觀詩人之有作也，大抵主於諷諭。蓋欲使聞者有所感動，而以興起懿德，非徒為誦美也。故崇獎之言，冀其有所勸而加勉；示事之告，願其有所儆而加詳也。然後言非空言，而言之者為直、為諒、為輔仁、為交遊，相助而有益，而聞譽達於天下，而言與人相為不朽。不亦偉哉？」

劉基這段詩論，首先是就酬贈之作而言的。酬贈之作，多以詩為禽犢，即用作饋贈的禮物，因而膚淺浮泛，缺少興、觀、群、怨的精神力量。劉基強調，即使是酬贈之作，也應以諷諭為要素。對照其詩論，我們來讀他的《題王元章梅花圖》詩：

會稽老王拙且痴，能畫梅花稱絕奇。
春窗走筆生古怪，中有窈窕傾城姿。

人生得閒真是好，得閒不閒惟此老。
布袍闒茸發不梳，一生只被梅花惱。
天生梅實可和羹，爾梅有花結不成。
世間花實總尤物，不如畫圖終古無枯榮。

王元章即王冕。元末畫家、詩人。號煮石山農、飯牛翁、會稽外史、梅花屋主等。諸暨（今屬浙江）人。出身農家，幼貧牧牛，晚至佛寺長明燈下讀書。學識深邃，屢試進士不第，即棄去，南入淮、楚，北遊大都（今北京），歷覽名山大川。後歸隱九里山，賣畫爲生。擅畫竹石，尤工墨梅，學揚無咎，花密枝繁，用筆挺拔圓潤。或用胭脂作沒墨梅，亦具特色。明初宋濂的《王冕傳》，說他「嘗仿《周禮》著書一卷，坐卧自隨，秘不使人觀。更深人寂，輒挑燈朗諷，既而撫卷曰：『吾未即死，持此以遇明主，伊呂事業不難致也。』」伊呂即伊尹、呂望，王冕以伊呂自期，表明他的人生理想是作帝王師。其《白梅》詩云：「冰雪林中著此身，不同桃李混芳塵；忽然一夜清香發，散作乾坤萬里春。」在頌美梅花的芬芳中，寄托兼善天下的大志，既是詠梅，又是自白。

劉基與王冕有過親密往來。至正十四年（一三五四年），劉基作《王元章詩集序》，有云：「予在杭時，聞會稽王元章善爲詩。士大夫之工詩者，多稱道之，恨不能識也。至正甲午，盜起甌、括間，予避地之會稽，始得盡觀元章所爲詩。蓋直而不絞，質而不俚，豪而不誕，奇而不怪，博而不濫。有忠君愛民之情，去惡拔邪之志，懇懇悃悃，見於詞意之表，非徒作也，因大敬焉。」

劉基「盡觀元章所爲詩」，對王冕的人生理想一定了解甚深。但在《題王元章梅花圖》中，卻並不涉及他的濟世之才，倒是極力渲染其藝術家的痴、拙品格，鼓勵他畫出不朽的名作。這裡，劉基意在言外地提示王冕：王冕的才具更適合於作藝術家。婉而多諷，劉基不愧爲諍友。

在此詩之外，劉基還有一首《題王元章梅花圖》：

道人紅顏映氍雪，欲與梅花鬥清潔。
夢魂化作梅花神，貌得梅花最奇絕。

高軒落筆當晴曦，北風吹樹寒雲垂。
九霄露洗珠玉芷，野水影動龍蛇姿。
勞生苦被煩熱惱，見此令人暢懷抱。
虛堂夜半明月入，玄鶴一聲驚絕倒。
西湖處士骨已槁，湖上淡煙迷蔓草。
石壇日夜長蒼苔，紫脫瑤英為誰好？
羅浮山，在何處？
聞道其間無散木，只有梅花三萬樹。
皇初平，在金華，
山中白羊許借我，與爾並駕凌飛霞。

在王冕筆下的梅花與北宋詩人林逋（西湖處士）詠梅的名句「疏影橫斜水清淺，暗香浮動月黃昏」之間建立起聯繫，突出的仍是一種偏於隱逸的藝術家品格。

據祝允明《野記》載，至正十九年（一三五九年），「呂珍爲張士誠守紹興，皇祖（朱元璋）屢攻之，未克。珍有才略，善戰，嘗以牛革囊兵宵濟以襲我師。每戰，令戰士及城中人爲歌高噪，以詬胡公大海。王冕元章不肯附珍，詣我軍獻策攻之，然小弗克。」雖爲野史，想應有來歷，王冕的謀略，是難以與劉基相提並論的。

松風閣之遊

《松風閣記》是劉基記叙文的代表作。

至正十五年（一三五五年），劉基仍居紹興，放浪山水，縱情遊覽，足之所至，目之所及，「必表而出之。」題詠松風閣的詩文尤其爲人傳誦。其詩如《靈峰寺松風閣》：

靈峰寺閣倚松風，風細松高閣更空。
何處流泉生石上？有人鳴玉下雲中。
花飄霧露春香滿，影動龍蛇曉日融。

安得身如列御寇，翩翩高舉出冥鴻。

既然名爲松風閣，那麼山松之形以及風吹松樹的聲音自應成爲遊覽者關注的中心。對松的形、聲，《松風閣記》的下篇有異常精采的描繪：

蓋閣後之峰，獨高於群峰，而松又在峰頂。仰視，如幢葆臨頭上。當日正中時，有風拂其枝，如龍鳳翔舞，褵褷蜿蜒，轇轕徘徊；影落檐瓦間，金碧相組綉。觀之者，目為之明。有聲，如吹塤篪，如過雨，又如水激崖石，或如鐵馬馳驟，劍槊相磨戛；忽又作草蟲鳴切切，乍大乍小，若遠若近，莫可名狀。聽之者，耳為之聽。

「觀之者，目爲之明」以上寫形，「聽之者，耳爲之聽」以上寫聲，繪形繪聲，眞切生動。

劉基遊覽山水，別有苦衷。中國的知識分子，用世之志向來強烈；一旦惡劣的環境迫使他們從這一社會人生領域退出，其受到壓抑的心靈的心量便需朝別一方面釋放。這是迫不得已的釋放，所以在力度上異乎尋常。劉基詩所謂「安得身如列御寇，翩翩高舉出冥鴻」，向往矯首天外，即是其力度的顯示。《松風閣記》上篇表達山林之樂，可與之印證：

方舟上人為閣其下，而名之曰松風之閣。予嘗過而止之，洋洋乎若將留而忘歸焉。蓋雖在山林而去人不遠，夏不苦暑，冬不酷寒，觀於松可以適吾目，聽於松可以適吾耳，偃蹇而優遊，逍遙而相羊，無外物以汩其心，可以喜樂，可以永日，又何必濯潁水而以為高，登首陽而以為清也哉？

在山水之間追求適意，曠神怡情，恬淡寂寥，這種情懷的背後，站著一個帶氣負性的劉基。看不到這點，就不能算是合格的讀者。所以，介紹過有關松風閣的詩、文，還想請讀者看看劉基次年春所作的《憂懷》一詩：

群盜縱橫半九州，干戈滿目幾時休？
官曹各有營身計，將帥何曾為國謀！

猛虎封狼安荐食，農夫田父困誅求。
抑強扶弱須天討，可怪無人借策籌。

「借策籌」，典出《漢書・張良傳》：「酈生未行，良從外來謁漢王，漢王方食，曰：『客有為我計撓楚權者。』具以酈生計告良……良曰：『請借前箸以籌之。』」箸，筷子；籌，策劃。後因以「借箸」比喻代人策劃。劉基心憂天下，希望朝廷重臣中有人聘他為謀士，用世之志如此強烈，他的山林之樂的內涵才顯得豐厚充盈。

亂世之音怨而怒

身經離亂的劉基，與老杜產生了強烈共鳴。

「治世之音安以樂，其政和；亂世之音怨以怒，其政乖；亡國之音哀以思，其民困。」這是《毛詩序》中的一段論述，後世輾轉引用，幾乎已成老生常談。但劉基卻是在經歷了長期的戰亂後才眞切地體會到其深刻性。至正十六年（一三五六年），劉基作《項伯高詩序》，序云：「言生於心而發爲聲，詩則其聲之成章者也。故世有治亂，而聲有哀樂。相隨以變，皆出乎自然，非有能強之者。是故春禽之音悅以豫，秋蟲之音淒以切。物之無情者然也，而況於人哉？予少時讀杜少陵詩，頗怪其多憂愁怨抑之氣，而說者謂其遭時之亂，而以其怨恨悲愁發爲言辭，烏得而和且樂也？然而聞見異情，猶未能盡喻焉！比五六年來，兵戈迭起，民物凋耗，傷心滿目，每一形言，則不自覺其淒愴憤惋，雖欲止之而不可，然後知少陵之發於性情，眞不得已，而予所怪者，不異夏蟲之疑冰矣。」

少陵即杜甫。劉基之於杜甫，與南北宋之際的陳與義頗有相似之處。早年的陳與義，只以爲杜甫「風雅可師」，靖康之難爆發，「經歷了兵荒馬亂，才明白以前對杜甫還領會不深。」「但恨平生意，輕了少陵詩」，進入了與杜甫心心相印的境界。至於劉基，他早年讀杜甫詩，「頗怪其多憂愁怨抑之氣」；幾年兵戈擾攘，劉基滿懷怨怒，常情不自禁地藉詩抒發，這才懂得，杜甫之「憂愁怨抑」，亦戰亂使然。世有治亂，而聲有哀樂，這是再自然不過的事。

杜甫寫過一組《秋興》詩，劉基亦有《次韻和謙上人秋興七首》中，歷來最被看重的是第四首：

聞道長安似弈棋，百年世事不勝悲。
王侯第宅皆新主，文武衣冠異昔時。
直北關山金鼓震，征西軍馬羽書遲。
魚龍寂寞秋江冷，故國平居有所思。

此首之受垂青，原因在於，作品感慨時事，異常沉痛，如沈德潛《唐詩別裁集》所說：「前半指朝廷之變遷，後半指邊境之侵逼，北憂回紇，西患吐蕃，追維往事，不勝今昔之感。」

劉基《秋興》七首，我以爲第一首格外沉鬱：

一自中原萬馬奔，江淮今有幾家存？
龍韜豹略痴兒戲，穠李夭桃猛士門。
廢壘秋風銷戰骨，荒郊夜雨泣冤魂。

江湖愁絕無家客，佇立看天淚眼昏。

套用沈德潛的評詩套路，可以表述爲：次聯寫朝綱之不振，尾聯寫一己之流浪，身在江湖，心存魏闕，追原禍始，不勝怨怒之情。

一個讀者，只有在與作者產生共鳴的前提下，才能與作品產生心心相印的關係。劉基之與杜甫，便是明證。其《題鮮於伯機書杜工部詩後》云：

少陵昔避亂，買屋西枝村。
卜鄰得贊公，聊可與晤言。
四國斗豺虎，煙塵塞乾坤。
中宵望北辰，慘戚衰老魂。
我今亦漂泊，不得歸本根。
感此一太息，欲語聲復呑。

「我今亦漂泊」，生活經歷如此相近，難怪劉基會與杜甫產生共鳴了，難怪他們的詩風這般相近了。

投鼠忌器

投鼠忌器，典出《漢書·賈誼傳》。「里諺曰：『欲投鼠而忌器』，此善諭也。」意謂老鼠靠近器物，要打老鼠，又恐傷壞器物。心喻作事有所顧忌，不敢放手進行。

《割瘿》的設喻，與投鼠忌器相近。夷門有個脖子上長大瘤的人，腦袋陷到肩胛裡，那大瘤竟取代了頭的位置，嘴、眼、鼻子、耳朵，全難以發揮作用。郢地管理疆界的官員可憐他，打算幫他割下來。有人勸阻說：「這大瘤割不得。」管理疆界的官員不聽。這大瘤終於被割了下來，過了兩夜，那人就死掉了。都城的人都責怪管理疆界的官員，官員卻拒不接受批評，他振振有辭地說：「我只知道去掉病害。他現在雖然死了，大瘤也沒有了嘛！」都城的人，都掩嘴暗笑而退。過了些日子，有人憎恨春申君專權，想上言於楚王，殺掉春申君。荀卿聽說了這件事，道：「這不也和割瘤相同嗎？春申君掌握楚國大權，已非一日，楚國的人都只知道春中君，一旦春申君被罷免，楚國也就跟著完了。你這是教楚王割瘤啊！」

劉基這篇寓言，也許是針對元順帝罷免脫脫一類的事而寫的。脫脫（一三一四——一三五五），字大用，他在一三四九年復相後，報復舊怨，日益專恣，與中書左丞哈麻不和，出哈麻爲宣政院使。順帝第二皇后奇氏與哈麻合謀，圖立己子愛猷識里達臘爲太子，曾遭到脫脫的反對。一三五三年六月，順帝立愛猷識里達臘爲太子，奇后母子對脫脫深爲忌恨。一三五四年九月，脫脫集合大軍，親攻高郵張士誠，至十一月，張士誠軍已準備出降。就在這一關鍵時刻，奇后、太子與哈麻指使監察御史彈劾脫脫「勞師費財」及弟也先帖木兒兵敗事，連上三章。一三五四年十一月，順帝下詔削去脫脫官爵，安置淮南。詔書於一三五四年十二月下到軍中，全軍大亂。脫脫軍原從各地調集而來，聞詔紛紛散去。許多軍士無所投附，遂倒戈加入紅巾軍。葉子奇《草木子》卷十三《克謹篇》載：「丞相脫脫統太師四十萬出征，聲勢赫然。始攻高郵城，未下。庚申君（順帝）入丞相亞麻之譏，謂天下怨脫脫，貶之可不煩兵而定。遂詔散其兵而竄之，師遂大潰，而爲盜有。天下之事遂不可復爲矣。」

傷時庚信白頭新

至正十五年（一三五五年），有件事給劉基帶來了短暫的喜悅：同知副元帥石抹宜孫率兵出鎮浙東。石抹宜孫在反對招安一事上與劉基見解一致，這使劉基興高采烈，大受鼓舞。他的《次韻和石抹元帥見贈二首》，情緒色調頗爲明朗：

雨過前溪曉色新，山城草木靜埃塵。
殊方負固猶蝸角，此地偷安賴虎臣。
高閣綠蘿相對晚，畫闌紅藥不勝春。
誰憐衰病兼疏拙，飄泊東西一旅人？
元戎玉帳擁旌麾，武略文韜並出奇。
構廈可堪無大匠？安邦曾見活危棋。
此時北斗歸民望，他日龍髭簡帝思。

我輩迂狂乖時務，移風執御更何疑！

能在「平叛」一事上找到知音，劉基深感慶幸。

但石抹宜孫出鎮浙東帶給劉基的喜悅未能取代他內心的重重憂慮。「天下可憂非一事」，他的確很難擺脫時局所造成的心靈世界的陰影。至正十六年（一三五六年），正月，張士誠遣弟士德渡江破常熟。二月，攻占平江（即蘇州）。張士誠自高郵進駐平江，改名隆平府，立省院六部百司。七月，張士誠軍攻破杭州。這一系列巨變，令劉基痛心不已。其《感嘆》詩云：「聞說蘇州破，倉皇問故人。死生俱可悼，吾道一何屯。北去應無路，南藩自此貧。淒涼轉蓬客，淚盡浙江濱。」《感興》三首之一用這樣兩句詩來形容他的悲傷之情。

去國杜鵑紅淚盡，傷時庾信白頭新。

「去國」句用杜宇的典故。杜宇是傳說中的古代蜀國國王。周代末年，在蜀始稱帝，號曰望帝；後歸隱，讓位於其相開明；時適二月，子鵑鳥鳴，蜀人懷之，因呼鵑爲杜鵑。相傳杜鵑即是杜宇的魂所化。「傷時」句以庾信自比。庾信（五一三——五八一），字子山，南陽新野（今河南新野）人。出身貴族，自幼出入梁朝宮廷。侯景叛亂，梁都建康失守，他逃往湖北江陵，輔佐梁元帝。後出使西魏，在出使期間梁亡，因爲當時的北朝傾慕南朝文化，以文學成就被強留在長安。北周代魏，他更受重視，官位清顯。但國破家亡，羈旅北地，他心境淒涼，常常想念祖國和故鄉，故其後期詩賦大都抒寫「鄉關之思」和屈仕北朝的痛苦。他的《擬詠懷》之一云：「楡關斷音信，漢使絕經過。胡笳落淚曲，羌笛斷腸歌。纖腰減束素，別淚損橫波。恨心終不歇，紅顏無復多。枯木期塡海，青山望斷河。」所謂紅顏銷蝕，與「白頭新」意旨相近。劉基引以自比，表達出滿腹的「去國」、「傷時」之憂。

引庾信自比的劉基，他對時局的另外一些變化似乎還不甚了然。例如，至正十五年（一三五五年）六月，朱元璋攻占采石、太平，改太平路爲府，置太平、興國翼元帥府。元璋自領帥事，以李善長爲帥府都事，李習爲知府，陶安參幕府事，初步建立了江南政權。陶安向朱元璋獻言說：「方今四海鼎沸，豪傑並爭，攻城屠邑，互相雄長。然其志在子女玉帛，取快一時，非有撥亂、救民、安天下之心。明公率衆渡江，神武不殺，人心悅服，以此順天應人而行吊伐，天下不足平也。」朱元璋欣然採納，帝王氣象已隱隱可見。倘若劉基對朱元璋的所作所爲有幾分了解的話，這位「傷時」的庾信該作何想法？

「相期各努力」

一自江淮作戰場，城池無處不金湯。
轅門須識黃公略，莫與蕭娘競粉妝。

——劉基《次韻和王文明絕句漫興十八首》之十六

安得壯士斡地軸，為拯斯民塗炭憂。

——劉基《錢王箭頭篇》

「一匡賴齊桓」

至正十六年，劉基的人生之路出現了又一次轉折。在隱居兩年多之後，他接受了一項任命：江浙行省都事。於是他來到杭州，協助行院判石抹宜孫剿「賊」。

如人們一再指出的那樣，中國知識份子的用世之心是異常強烈的，尤其是劉基這類才略不俗的豪傑之士。他曾看見一位窮苦的人身披枯荷赤腳在雪中走路，遂忍不住「惻然而悲涓然而泣」，慚愧自己未能拯救百姓，這一生活細節所透現的，正是一種崇高的歷史使命感和社會責任感。所以他在《次韻和石末公春雨見寄》中寫道：

小人務苟日，君子慚素餐。
高牙對多壘，肉食徒王官。
周綱雖云弛，一匡賴齊桓。

莫驚溝澮盈，雨息當自乾。

所謂「素餐」，也就是只領俸祿卻不做事，即白吃飯。此輩蠹蟲，一向爲劉基所蔑視。四郊多壘，世事翻覆，正是「君子」建功立業之時，豈能苟且度日？

詩中特別引人注目的也許還是「周綱雖云弛，一匡賴齊桓」二句。齊桓公是春秋五霸之一。春秋時期，東周天子地小貢少，非常貧弱，但名義上仍保持「天下宗主」的地位，爲華夏各國所尊崇。齊晉兩霸糾合諸侯，阻遏蠻族大國楚的北進，都是號召尊王、勤王，才得到諸侯的信從。百餘年後，孔子還稱讚齊桓公的霸業使華夏人免於「披髮左衽」。

詩中的「周」是比喻元朝，「齊桓」則是比喻石抹宜孫。劉基希望石抹宜孫像齊桓公那樣，平定各地的叛亂，以實力維護元朝這一尊偶像的存在。這一比喻頗爲耐人尋味。因爲，歷史上的曹操「挾天子以令諸侯」，就是以齊桓自居；換句話說，以齊桓公比石抹宜孫，其實是鼓勵他自創基業，將元王朝放在一個徒有其名的虛設的位置上。

《次韻和石末公春日感懷》也包含了豐富的意蘊：

下澤潢潦集，幽林光景遲。
羈禽有哀響，槁葉無豐姿。
梁稊不同畝，世事久當遺。
便欲駕扁舟，泛彼湖上漪。
慨懷祈招賦，愴惻感遐思。
流光逐飄風，去苦六馬馳。
干戈尚雜遝，舉日多可悲。
步登西城樓，還望東城陴。
近悼春陵吟，遠傷鴻雁詩。
未能已怨怒，矧暇防笑嗤。
賴有賢大夫，直道人不欺。
相期各努力，共濟艱難時。

詩的大意是說：在這個不肖處上、賢人處下的時代，本該隱居不仕，幸好有石抹宜孫這樣的「賢大夫」在位，於是我們以「共濟艱難」相互勉勵。「相期各努力」，劉基的建功立業之志依然未衰！

「忍看閫外即他鄉」

知音難遇。

在劉基眼裡，石抹宜孫稱知己，因此二人的唱和之作極多，如《五月二十日喜雨奉賀石末元帥》、《次韻和石末公七夕詩》、《病足戲呈石抹公》、《遣悶呈石抹公》、《次韻和石抹公閔雨詩》、《次韻和石抹公旱天多雨意五首》、《次韻和石抹公中秋不見月詩》、《次韻和石抹公無題之作》等，其中，《和石抹公見示肓字韻》寫得沉痛之至：

長想天涯皆內地，忍看閫外即他鄉？
扶生可惜醫無緩，救死寧堪鬼在肓！

郡縣誅求應到骨，乾坤戰伐遍成瘡。

遼東華表雲間鶴，相見相思總斷腸。

「閫外」即郭門之外。「普天之下，莫非王土；率土之濱，莫非王臣。」中國版圖以內的地域，全是王室的領土，因此，「天涯」與「內地」應該沒有分別，但眼前的事實卻是：城外即爲叛亂者所占領。此情此景，令劉基無法忍受。

劉基曾用人的身體來比喻國家，藉以說明社會動亂積微成著，積小成大而終至於狂瀾莫挽的道理。他說：一根手指感到冰涼，如果不能使它暖和的話，就會波及手腳；如果不能使手腳暖和，就會波及全身。這是因爲人的氣脈相貫，忽視細微的問題，便會釀成大患。一個國家也是如此。損失一座城鎮，誤以爲不算什麼，隨後便會陸續地丟掉一州以至一郡，到最後，「傾天下之力以救之」亦無濟於事。對照劉基的這個說法，來讀「閫外即他鄉」五字，不難看出，作者強調的是：元王朝已到了崩潰的邊緣；一旦病入膏肓，就無可救藥。眼下，必須立即實施急救！

「遼東華表雲間鶴」，典出《搜神後記》卷一《丁令威》。丁令威，本爲遼東人，學道於靈虛山。後化鶴歸遼，停在城門華表柱上。「時有少年，舉弓欲射之。」鶴飛了起來，一邊徘徊於空中，一邊說：「有鳥有鳥丁令威，去家千年今始歸。城郭如故人民非，何不學仙冢壘壘。」遂高上衝天。丁令威的話，不像出自一位飄逸的與死亡無緣的仙人之口，倒像作家本人站在旁觀者的立場爲人類慨嘆。最後一句勸人學仙，以免成爲荒草覆蓋的墳墓中的屍骨，圍繞人生的短暫立意，與大多數神仙總是關注榮華富貴不同。

但劉基引用丁令威的典故，側重點卻不在感慨人生短暫，而是強調世事滄桑：置身其間，恍如隔世，不免令人悲愴！亦即劉基《聞猿有感》詩所謂：「澤畔離騷余怨恨，巴東涕淚想汍瀾。唯應華表歸來鶴，明月清風共歲寒。」

那麼，應該怎麼辦呢？

從「長想」、「忍看」、「可惜」、「寧堪」的措詞中便可尋找答案。他的《次韻和石抹公月蝕見寄》詩有「誰能鼓劍披氛祲，莫遣東郊馬噴沙」二句，表達了對石抹宜孫的期望和對劉基本人的自期，可視爲「長想」等措詞的注腳。而將意思表達得更爲清晰的，也許還是《次韻和石抹公春晴詩》：

幽禽嘖嘖語朝陽，細綠髮髮入女桑。
天上深宮調玉燭，人間和氣應勾芒。
赤眉青犢終何在？白馬黃巾莫漫狂。
將帥如林須發縱，太平功業望蕭張。

以蕭何、張良的功業來期待石末公，這是劉基在戰亂年代對一位知己的殷切的勉勵。

「遇變故則挺身以爲國」

至正十七年（一三五七年），劉基改任行樞密院經歷，與行院判石抹宜孫守處州。安集本部後，授行省郎中。

石抹宜孫是元末不可多得的儒將之一。一方面，他軍紀嚴明，爲元將領中所罕見；另一方面，他嗜學問，長於詩歌，與劉基私交甚深。這年，「江浙行省左丞相達識鐵睦邇承制，升宜孫行樞密院判官，總制處州分院，治於處。又以江浙儒學副提舉劉基爲其院經歷，蕭山縣尹蘇友龍爲照磨。而宜孫又辟郡人胡深、葉琛、章溢參謀其事。」（《元史·石抹宜孫傳》）胡深、葉琛、章溢都是相當出色的人物。與他們共事、目擊時艱的劉基，不僅用世之志未衰，反而充滿了建功立業的豪情，他在《送章溢之龍泉序》中說：「大丈夫生長草茅，當平世不務進；及遇變故則挺身以爲國，寄一方赤子命，不亦偉哉？勉哉章君。」這是勉勵章溢，又何嘗不是自勉。

《沁園春·和鄭德章春感懷呈石抹元帥》也作於這一時期：

萬里封侯，八珍鼎食，何如故鄉？奈狐狸夜嘯，腥風滿地，蛟螭晝舞，平陸成江。中澤號鴻，苞荊集鴇，軟盡平生鐵石腸。憑欄看，但雲霓明滅，煙草蒼茫。

不須，踽踽涼涼，蓋世功名百戰場。笑揚雄寂寞，劉伶沉湎，嵇生縱誕，賀老清狂。江左夷吾，關中宰相，濟弱扶傾計甚長。桑榆外，有輕陰乍起，未是斜陽。

這種「欲以功業自見」的豪情，這種「近悼春陵吟，遠傷鴻雁詩」的憂時之心，這種「赤眉靑犢終何在？白馬黃巾莫漫狂」的警告，在在告訴讀者：身爲石抹宜孫下屬的劉基，「以天下爲己憂」，有志於挽狂瀾於旣倒；如果元朝廷繼續爲他提供施展才能的條件，其人生道路將另是一番氣象。

然而，事實卻是：

樽俎自高廊廟策，經綸不用草茅人。
乾坤處處旌旗滿，肉食何人問采薇？

王門有狗

《韓非子》中有則流播廣遠的寓言，題爲《狗惡酒酸》：

宋國有個賣酒的。他買賣公平，待客殷勤，酒又釀得香醇，而且店鋪門前高懸酒幌，但卻門庭冷落，無人光顧。久而久之，釀好的美酒賣不出去，變質發酸了。賣酒的感到很奇怪，想弄個明白。這天，他專程去向一個名叫楊倩的老人請教。

楊倩說：「這是因爲你店鋪裡的狗太凶惡了。」

他不解地問：「狗凶，跟酒賣不出去有什麼相干？」

楊倩回答道：「人們都害怕呀！有人打發自己的小孩，揣著錢，提著壺，來打酒，而你的狗突然竄上來咬人，誰還敢到你這裏來買酒呢？這就是你的酒賣不出去變酸的原因。」

韓非這篇寓言，意在說明，要搞好政治，一定要去掉阻塞賢路的權臣和專橫跋扈的左右親信。韓非的命意及闡述命意的技巧，劉基似乎格外欽佩，因爲他的《噬狗》一則，幾乎就是狗惡酒酸的翻版。《噬狗》主要記述了陳軫與楚王的對話：

楚王問陳軫道：「寡人對待賢士，可算盡心盡力的了，然而天下的賢士，卻不肯賞光前來，這是爲什麼呢？」

陳軫回答道：「臣年輕時曾經遊歷燕國，寄住在燕國的客舍裡。那裡前後有許多客店，惟獨東邊的那家最好。這家客店裡，凡坐臥的床具，飲食的器皿，無不具備，但前來的客人，每天不過一、兩個人，有時整天不來一人。打聽一下其中的緣故，原來是東邊那家有一條惡狗，一聽見人聲就跑出來咬人，如果沒有店中的人先來關照，就沒有人敢踏進他的庭院。現在大王的宮門內，莫不是也有惡狗吧？這就是賢士們所以不敢前來的原因啊。」

家有惡狗，客人不來；國有權奸，賢士不來。劉基的這種感慨中，寓有深厚的人生體驗。據《明史·劉基傳》和《元史·石抹宜孫傳》記載：至正十七年（一三五七年）間，石抹宜孫採用劉基等人的謀略，對各地叛亂者「或檮以兵，或誘以計」，「未幾，皆殲殄無遺類。」經略使李國鳳將劉基的功勞上報，無奈朝廷執政者多被方國珍收買，故意壓制劉基，「授總管府判」，不得參與軍事。這對劉基的打擊是異常沉重的。如果說，官職低一些還可忍受的話，那麼，不得參與軍事，等於剝奪了劉基施展才能的機會，再繼續任職已毫無意義。所以劉基說：「臣不敢負國，今無所宣力矣。」

於是，劉基一怒之下，歸隱於青田山中。

此後，他再沒有做過元朝的官。

「烏鳶號以成群兮，鳳孤栖而無所。楚屈原之獨醒兮，衆皆以之爲咎。」劉基《述志賦》中的這幾句話，風格何等沉鬱，情緒何等沉痛！它是劉基內心的痛楚凝結而成。

掣肘

元王朝不讓劉基施展才能，這使人想起了兩個字：掣肘。

掣肘，即拉住胳膊，比喻阻撓別人做事。典出《呂氏春秋·具備》：

宓子賤受命治理單父。他擔心魯君聽信讒言，使他不能按照自己的主張治理，於是在即將辭行、走馬上任的時候，請魯君派兩名近侍隨他同往。

到達單父，當地官吏都來參見，宓子賤讓這兩名近侍作記錄。近侍書寫時，宓子賤不時從旁邊拉他的胳膊，以致寫得很不像樣，宓子賤便大發脾氣。兩名近侍憂慮不堪，要辭別回都。宓子賤說：「你們書法太差，好好地回去吧！」

兩名近侍回去報告魯君說：「宓子賤這個人，太難共事，無法為他書記。」魯君詢問原因，近侍答道：「他讓我們作記錄，卻不時拉我們的胳膊；字寫得不好，又大發脾氣。單父的官吏們都笑他，所以我們告辭回來了。」

魯君聽罷，嘆息說：「宓子賤是用這舉動勸我改正不賢德的地方。以往我對宓子賤一定干擾太多，使他不能按照自己的意願辦事。沒有你們二人，我差點又犯錯誤。」於是，立即派了一名寵信的官吏，前往單父，轉告宓子賤說：「從今以後，我不再兼管單父了，一切都拜託給你。只要有利於治理單父，你就決策吧，五年之後來匯報你的主要政績。」宓子賤恭敬地答應了，因而能在單父順利地推行他的政治主張。

在別人做事情的時候，從旁牽制，其方式是多種多樣的。如魯君那樣，干擾太多，這是一種；或者向下屬提出任務，卻並不提供完成任務的必要條件，又是一種，如《郁離子·請舶得葦筏》所說：

從前，秦始皇到東部巡視，派徐市入海，尋找蓬萊等三座神山。徐市申請得到一條航海大船，秦始皇沒給，只給他葦子編的筏子。徐市辭謝說：「我不能勝任這工作。」秦始皇派傳達使命的人前去責備他說：「別人說先生長於航海，寡人相信了這話。可是你一定要求航海大船，如此，不僅任何人都可以去，就連我也可以去了，又何必請先生做這事呢！」徐市無話可答。……

「請舶而得葦筏」，這個事實說明，在上者昏庸，有才能者就沒法實現自己的抱負。橫舟和尚是一個例子，劉基是一個更令人痛心的例子。運籌帷幄的謀略家卻不能參與軍事，還有比這荒唐的事嗎？

憂時之泣——《郁離子》要旨之一

靈性生感情，感情生哭泣。哭泣計有兩類：一為有力類，一為無力類。痴兒騃女，失果則啼，遺簪亦泣，此為無力類之哭泣。城崩杞婦之哭，竹染湘妃之淚，此有力類之哭泣也。有力類之哭泣又分兩種：以哭泣為哭泣者，其力尚弱，不以哭泣為哭泣者，其力甚勁，其行乃彌遠也。《離騷》為屈大夫之哭泣，《莊子》為蒙叟之哭泣，《史記》為太史公之哭泣，《草堂詩集》為杜工部之哭泣，李后主以詞哭，八大山人以畫哭，王實甫寄哭泣於《西廂》曹雪芹寄哭泣於《紅樓夢》。

——劉鶚《老殘遊記·自敘》

憂時

「人不憂患，則智慧不成。」

「嗚呼！古人著述，大抵為憂患而作。」

第一句見於魏延《默觚下．治篇二》，第二句見於王韜為徐繼畬《瀛環志略》所作的跋，它們揭示了憂患意識的廣泛性和深刻性。

中國古代知識分子一向有著「先天下之憂而憂，後天下之樂而樂」的傳統，所謂「長太息以掩涕兮，哀民生之多艱」（屈原），所謂「窮年憂黎元，嘆息腸內熱」（杜甫），所謂「天下興亡，匹夫有責」（顧炎武），都表達了一種偉大的社會責任感和歷史責任感。

孔子說過：「君子謀道不謀食。……君子憂道不憂貧。」深受儒家思想熏陶的劉基，也一向將對國計民生的憂慮放在對個人安危的憂慮之上，儘管有過白居易等人「達則兼濟天下，窮則獨善其身」的先例，但劉基依然執著地以「布衣憂國」自命，其《感懷三十一首》之八云：

伏枕倏明發，夢遊滄海中。
中有萬斛船，蕩漾隨天風。
舵師兀皆睡，環視立衆工。
波濤正洶湧，欲往迷西東。
寤寐惕驚起，魂魄猶忡忡。

詩中的「萬斛船」，比喻元朝，「舵師」比喻元順帝，這個昏睡中的元順帝，自然不可能指引正確的航向。「萬斛船」（即元朝）的覆沒命運已不可避免。

《郁離子》第二則《憂時》的意蘊與《感懷》詩相近：

郁離子發愁，須麋過來勸道：「道行不通，這是命運，你又何必發愁呢？」

郁離子說：「不是爲這，我憂慮的是在大海上航行而沒有舵手。大海是波濤匯聚之處，風雨由此產生，鯨、鯢、蛟、蜃都集中在此，那些背負鋒鋋、口含芒鍔的海獸，誰不在等待獵物？現在不有所考慮，一旦發生事故，我到哪兒去呢？」

劉基心中的憂慮、悵惘，已達到無以名狀的程度。這種憂慮悵惘，當它歸結於對自身命運的思考時，便凝爲「我生不辰」的感嘆。這在《郁離子·石羊先生自嘆》一篇中表達得尤爲充分：

石羊先生倚楹而嘆曰：「嗚呼，予何為其生乎？人皆媄媄，我獨離離；人皆養養，我獨罔罔。謂天之棄之乎？則比人為有知。謂天之顧之乎？則何為使予生於此時？時乎命乎，我獨於罹。東乎西乎南乎北乎，吾安所歸？獨不如魚與鱉乎，潛居於坻；又不如鴻與雁乎，插羽而飛。何不使之為土為石乎，而強生以四肢；又何不使之冥冥木木，不知痛癢，以保其真乎？而予之以致寇之貨，陷之以不測之機。」

於是悲風振天，四野凄涼，浮雲不行，霰雪交零，日月為之無光七日。

寓言中的「石羊先生」系劉基自稱。他痛感生不逢時，希望像魚鱉一樣潛入水中，或如鴻雁一樣飛入雲端，甚至希望變爲冥冥木木和不知痛癢的土石。一個人到了寧願放棄生命和智慧的程度，其情懷之悲涼就不必再用言語說明了。

宮中只報平安信

君不見陳家天子春茫茫，

後庭玉樹凝冷光。

樓船江上走龍陣，宮中只報平安信。

酒波灩灩蒸粉香，暖翠烘煙妒嬌鬟。

無愁老夫貂鼠裘，降旗搖動台城秋。

生綃束縛檻車去，始信人間果有愁。

劉基這首《無愁果有愁曲》，是用自號爲「無憂天子」的陳後主來影射元順帝。公元五八七年，隋文帝滅蕭詧的梁國，定計滅陳。五八八年，隋發兵五十一萬，以楊廣爲統帥，準備渡江。陳後主說，從前北齊三度來攻，北周兵也來過兩次，都大敗逃去。這次隋兵來攻，一定送死。寵臣們也說，隋兵決不能渡長江。君臣依然飲酒賦詩，守江諸將告急求救，一概不理。五八九年，隋將賀若弼自廣陵直渡京口，韓擒虎自橫江（安徽和縣）直渡采石，攻入建康，俘獲陳後主，陳亡。從「宮中只報平安信」，到「生綃束縛檻車去」，一因一果，向元順帝提出了警告。

相傳爲蘇軾所作的《艾子雜說》中，有這樣一則寓言：

秦破趙長平，坑衆四十萬，遂以兵圍邯鄲。諸侯救兵，列壁而不敢前。邯鄲垂亡，平原君無以為策。家居愁坐，顧府吏而問曰：「相府有何未了公事？」

吏未對，辛垣衍在坐應聲曰：「唯城外一伙竊盜未獲爾！」

國家已處於即將滅亡的緊急關頭，臣下還一味粉飾太平，將秦國大軍稱爲一伙竊盜。如此昏庸，不亡何待？而蒙古王侯正是這樣的昏庸之輩。劉基《起夜來》詩云：

微月就沉銀河爛，城烏啞啞夜將半。
憂愁不寐攬衣起，仰看明星坐待旦。
威弧壓落連天狼，兩旗欲動風不揚。
槐根王侯夢未覺，豈知雞聲堪斷腸！

「槐根」之典，出唐代李公佐的傳奇小說《南柯太守傳》。作品寫淳於棼酒醉沉睡，夢入大槐安國，被招爲駙馬，享盡富貴榮華，後因威望日高，引起國王疑忌，終被遣歸，夢醒，方知「大槐安國」乃槐樹根上的一個大螞蟻窩。「槐根王侯」即蒙古王侯。當劉基已意識到滄桑之變在即時，他們還在做著粉紅色的富貴夢。人之賢與不肖，其差別何其遠也！

相傳，北齊後主高緯，也自稱「無憂天子」。這位享樂至上的帝王，不理朝政，不問國事，成天抱著琵琶彈他的「無愁曲」，或者養雞蓄馬，想出各種方式來取樂。其結局是在人們意料之中：北周軍隊打來，國破家亡，高緯也做了周武帝的階下囚。

元順帝同樣是一位「無憂天子」。

他「始信人間果有愁」的日子爲期不遠了。

苦與樂

元順帝至正十七年（一三五七年），劉基時四十七歲，作散文《苦齋記》。「苦齋者，章溢先生隱居之室也」，「在匡山之巓。匡山在處之龍泉縣西南二百里，劍溪之水出焉。」

據章溢說，他之所以名隱居之室爲苦齋，是考慮到苦與樂之間的辯證轉化關係。「樂與苦相爲倚伏者也。人知樂之爲樂，而不知苦之爲樂，人知樂其樂，而不知苦生於樂。則樂與苦，相去能幾何哉？」

劉基以爲章溢之言極具哲理，並就苦與樂的辯證法進一步作了發揮。「孟子曰：天之將降大任於斯人也，必先苦其心志，勞其筋骨，餓其體膚。趙子曰：良藥苦口利於病，忠言逆耳利於行。彼之苦，吾之樂，而彼之樂，吾之苦也。吾聞井以甘竭、李以苦存，夫差以酣酒亡，而勾踐以嘗膽興，無亦猶是也夫。」

章溢與劉基的話，雖均就苦、樂立論，但著眼點稍有區別。章溢偏重於表達面對日常生活的感受，其議論令我們想起下述格言：

快樂沒有本來就是壞的，但是有些快樂的產生者卻帶來了比快樂大許多倍的煩擾；

樂觀者於一個災難中看到一個希望，悲觀者於一個希望中看到一個災難；

最令人煩惱的事物往往可以使人擺脫煩惱；

我們這些人畢竟是由無限的精神所構成，而且生來就是要經歷痛苦和歡樂的，人們不妨可以這樣說，最傑出的人總是用痛苦去換取歡樂的。

至於劉基，他所關注的則是社會政治生活。「夫差以酣酒亡，而勾踐以嘗膽興」，正、反並舉，旨在總結歷史經驗。其《前有尊酒行》詩云：

前有尊酒芳以飴，舉杯欲飲且置之。

丈夫有志可帥氣，胡為受此曲蘗欺？
禹惡旨酒，玄德上達。
桀作酒池，而南巢是蔡。
商辛惡來以白日為夜，糟丘肉林相枕藉。
瑤台倏忽成灰塵，流毒猶且遷殷民。
夫差酗而納施，楚國酣而放屈。
姑蘇台上麋鹿遊，鄢郢宮中狐兔出。
灌夫罵坐，禍延魏其。
竹林稱賢，神州蒺藜。
亡家破國有如此，酒有何好而嗜之！
前有尊酒釀以清，酌之白日成晦冥。
眼花耳熱亂言語，無氣耗斁肝膽傾。
乃知酒是喪身物，衛武之戒所以垂休聲。

詩中的「酒」可以視爲「樂」的具象。夏桀、商辛、夫差、楚王、灌夫等人，尋歡作樂，沒有一個結局是美妙的。只有不喜歡飲酒的禹，才能「玄德上達」。劉基的這些話，無疑是對元順帝之流的針砭，因爲順帝的荒淫，在帝王中也能排上名次。例如至正十三年（一三五三年）十二月，哈瑪爾（哈麻）進西番僧，教元順帝行房中運氣之術，號「延徹爾」（演揲爾）法，譯言大喜樂也。又進西番僧結琳沁（伽璘眞），善秘密法，帝皆習之。詔以西番僧爲司徒，結琳沁爲大元國師，各取良家女三、四人奉之，謂之「供養」。嘗謂帝曰：「陛下尊居萬乘，富有四海，不過保有現世而已。人生能幾何，當受此秘密大喜樂禪定。」於是帝日從事於其法，廣取女子，惟淫戲是樂。與其弟及諸寵幸等十人，俱號「伊納克」（倚納，意即淫褻伙伴），相與褻狎，甚至男女裸處，號所處室曰「濟齊齋烏格依」（皆即兀該），譯言事事無礙也。君臣宣淫，群僧出入禁中，無所禁止，醜穢外聞。

唐代杜牧《過華淸宮絕句》云：

新豐綠樹起黃埃，數騎漁陽探使回。
霓裳一曲千峰上，舞破中原始下來。

唐玄宗耽於聲色之樂（「霓裳一曲千峰上」），結果是「中原破」，元順帝醉生夢死，會有好的下場嗎？

據史載，朱元璋打敗陳友諒後，吳江西行省以陳友諒鏤金床進，朱元璋觀之，謂侍臣曰：「此與孟昶七寶溺器何異！以一床工巧若此，其餘可知。陳氏父子窮奢極靡，焉得不亡！」即命毀之。看來，朱元璋與劉基，倒是英雄所見略同。

佞臣的肖像

元朝末年，政治昏亂，吏治腐敗，一切有識之士和正直的讀書人都爲之痛心疾首。張憲（一三二〇？—一三七三？）《送陳惟允》詩云：「抱劍入帝都，未知何所求？觀其辭氣間，已類朱阿游。肝膽正激烈，既悲還復謳。欲銷天下難，先斷佞臣頭。」

劉基曾為這些可惡的佞臣畫過一幅漫畫：

衛靈公生彌子瑕的氣，痛打一頓後趕他出去。彌子瑕大懼，三日不敢入朝。衛靈公問祝鮀：「彌子瑕抱怨我嗎？」祝鮀答道：「沒有這回事。」靈公問：「為什麼他不抱怨？」祝鮀說：「您沒見過狗嗎？狗靠人為生，主人發怒打牠，牠會嗥叫著逃走，等牠肚子餓了，又會顯出畏懼的樣子偎上前來，忘記了曾經挨打。彌子瑕便是您的一條狗，一天得不到您的歡心，就一天沒有食物，他哪裡敢抱怨呢？」衛靈公聽了，喝采道：「說得對！」

元王朝的那些佞臣，都只是彌子瑕之流的走狗！

官船

尋找官船——一個極富歷史感的比喻！

瓠里子將從吳國返回粵地。吳國的宰相答應派人送他，並讓他自己挑選官船渡河。送行的人還沒有來。此時，水邊停靠著上千艘船，瓠里子打算挑選官船，但又不知道哪些船是公家的。送行的人來後，瓠里子趕緊問他：「船如此之多，誰知哪些是公家的？」送行的人答道：「這很容易。那些篷壞、櫓斷、帆破的，就是官船。」瓠里子照他的話去做，很快就找到了。

這件事使瓠里子大爲沮喪。他仰天嘆息說：「如今治理百姓的人，大概也都視之爲『官民』吧？無怪乎關懷百姓的人如此之少，無怪乎百姓這般貧困了！」官吏們不將國計民生放在心上，任憑它一天天敗壞下去，就像官船一樣，無人料理，弄得篷壞、櫓斷、帆破。元帝國的百姓，總有一天會因忍受不了這種非人待遇而起來抗爭的。

劉基所描述的「官船」現象，在元代，甚至在秦漢以至明清的所有王朝，都是具有典型性的。中國自秦漢以來，長期採取專制主義的政治形態。所謂專制政體，即把關於行政事務的立法權集中在君王手裡，而將政務委托給各級官員。在這種情勢下，官僚或官吏就不是對國家或百姓負責，而只是對皇帝負責。他們只要同皇帝把關係弄好，或者作爲下級，把對上級的關係弄好，他們就可以置國家或百姓的利益於不顧，而一味圖其私利了。

劉基筆下的「官船」，所隱喻的正是國家和百姓。

飲泉清節今寥落

在人類尙未進入自由王國之前，淸官不能不在各種程度上爲人們所希望。中國人對淸官的感情分外深厚。什麼叫做淸官？大致說來，有兩條標準：即官吏在對上級對帝王負責的同時，也不要忘了百姓的疾苦。在兩千多年的專制政體下，中國百姓的基本權利得不到法律的保護，除非忍無可忍鋌而走險，總是逆來順受，祈求「眞命天子」和「靑天老爺」保護。因此，中國人對淸官的感情越深，越表明了淸官的罕見。

歷代的政治生活中，貪官污吏的數量總是遠遠地超過淸官。

對於貪官污吏，老百姓也罵得很絕，謂之「盜」，即南宋那位先作賊、後作官的鄭熏所說：「鄭熏素行本非端，熏有狂言上衆官。衆官作官還作賊，鄭熏作賊還作官。」

一味侵奪百姓利益，這樣的官，和賊有什麼兩樣？

劉基《分贓台》亦將官與盜並提：

突兀高台累十成，人言暴客此分贏。
飲泉清節今寥落，可但梁山獨擅名。

這首題梁山分贓台的詩，大意是說，現在以廉潔自持的官吏太少了，不只是梁山的綠林好漢才貪財。

劉基的批評並非溢惡。如葉子奇在《草木子·雜俎篇》中所揭露的：元朝末年，官貪吏污。問人討錢，各有名目。屬官始參曰拜見錢，無事白要曰撒花錢（人事錢），逢節曰追節錢，生辰曰生日錢，管事而索曰常例錢，送迎曰人情錢，勾追曰賫發錢，論訴曰公事錢。至正五年（一三四五年），元順帝派遣官吏宣撫諸道，慰問人民疾苦；但實際上，各路宣撫使借機勒索，給老百姓又增加了一重災禍。江西福建道宣撫使去後，當地百姓作歌說：「奉使來時，驚天動地；奉使去時，烏天黑地。官吏都歡天喜地，百姓卻啼天哭地。」又說：「官吏黑漆皮燈籠，奉使來時添一重。」元朝各級官吏以貪污爲能事，國家機器已腐敗不堪。

《郁離子·獻馬》講述了這樣一個故事：

周厲王派芮伯帶兵詩伐西戎，得到一匹好馬，芮伯準備把它獻給厲王。芮季勸阻說：「不如打消這個念頭。厲王貪得無厭，又愛聽信別人的讒言。現在你率師凱旋，獻上一匹好馬，厲王身邊的官員一定認爲您所繳獲的不只一馬，因而都會向您提出要求。您無法滿足他們，那他們就會在厲王面前說您的壞話，厲王也一定輕信他們。你這是自取其禍呀！」

芮伯不聽芮季的話，到底還是獻上了馬。榮夷公聽說芮伯獻馬，果眞派人向芮伯要東西。他沒有得到，於是就在厲王面前說芮伯的壞話：「芮伯繳獲了許多東西，都藏起來了。」厲王聽了大怒，就把芮伯從朝廷裡趕了出去。

寓這中的周厲王和榮夷公，乃是元末君臣的寫照。「人間萬井共貪泉」，眞令人興慨無窮了。

「獨清」者的悲劇

「獨醒」者與「獨清」者，從來都是悲劇人物。

《宋書·袁粲傳》中有「狂泉」一則，以喜劇故事而包含著濃郁的悲劇況味。其文云：

昔有一國，國中一水，號曰狂泉。國人飲此水，無不狂。唯國君穿井而汲，獨得無恙。國人既並狂，反謂國主之不狂為狂。於是聚謀，共執國主，療其狂疾，火、文、針、藥，莫不畢具。國主不任其苦，於是到泉所酌水飲之。飲畢便狂。君臣大小，其狂若一，衆乃歡然。

在污濁的環境中，一個潔身自好的人，反被斥爲異類，豈非人類社會的悲劇？

《郁離子·天下貴大同》從心理分析的角度對「狂泉」之類的現象作了描述。劉基舉例說：「海島之夷人好鮭，得蝦、蟹、螺、蛤皆生食之，以食客，不食則咻焉。裸壤之國不衣，見冠裳則駭，反而走以避。五溪之蠻羞蜜唧而珍桂蠹，貢以爲方物，不受則疑以逖。」然後概括道：「是故衆醉惡醒，衆貪惡廉，衆淫惡貞，衆污惡潔，衆枉惡直，衆惰惡勤，衆佞惡忠，衆私惡公，衆嫚惡禮，猶鵋鶀之見人而嚇也。」

劉基的議論，決不能徒以虛語視之。他所生活的時代，衆人皆濁我獨清，不肖處上，賢人處下，上演了種種鬧劇、醜劇和悲劇。劉基的心境爲悲涼之氣所籠罩。其《獨漉篇》云：

獨漉復獨漉，月明江水濁。
水濁迷龍魚，月明復何如？
楚國皆濁，屈原獨清，
行吟澤畔，哀哉不平。
上山採荼，下山採蘖，
心在腹中，何由可白？

豺狼在後，虎豹在前，
四顧無人，魂飛上天。
珠玉委棄，不如泥沙，
躡冠戴履，萬古悲嗟！

美醜顛倒，愛憎無憑，既不願同流合污，又不能改變環境，此時的劉基，產生自殺念頭是並不奇怪的。誠所謂：

君子分寂寞，小人互矜誇。
「想獨自明智是一種巨大的瘋狂。」

勿與民爭利

據《史記》記載，劉邦的二哥，善於經營產業，常受他父親的誇獎。後來，劉邦做了開國皇帝，便得意洋洋地問父親：我的家業成就同老二相比，誰多呢？

視天下爲自己的家業，如此帝王，其心態與一個鄉村地主沒有什麼兩樣。如果說有什麼區別的話，那便在於：在剝奪百姓利益方面，帝王處於更爲有利的位置。因爲，他可以隨心所欲地制定各種各樣的法律來爲自己服務，他可以爲所欲爲地將他想得到的東西據爲己有。

對百姓生活中的若干必需品（如鹽茶）實行官賣是與民爭利的法律之一。所謂官賣，即全由官府控制生產，也全由官府專賣，禁止私販。其目的是增加國家的財政收入。

劉基一向不贊同對鹽、茶實行官賣。他將法令分爲二種，一種是「古今之通禁」，一種是「一代之私禁」。所謂「古今之通禁」，指「殺人傷人及盜之類」，這樣的罪犯，倘不加以懲處，簡直是「代之爲賊」，因此，劉基堅決反對招安方國珍之流。所謂「一代之私禁」，指「茶、鹽、錢、幣之類」，老百姓無以爲生，而官府不能救濟，在這種情況下，小民「有犯」，「原情而貸之可也」。貸，就是赦免。因爲，其「曲不在民」。

關於「一代之私禁」，《郁離子·重禁》又細分爲二種：

天下之重禁，惟不在衣食之數者可也。故鑄錢造幣，雖民用之所切，而飢不可食，寒不可衣，必借主權以行世。故其禁雖至死而人弗怨，知其罪之在己也。若鹽則海水也。海水，天物也，煮之則可食，不必假主權以行世，而私之以為己，是與民爭食也。故禁愈切，而犯者愈盛，曲不在民矣。

在劉基看來，鑄錢造幣理應由國家統一管理，而製鹽販鹽則應允許百姓自爲，禁止百姓私自製鹽販鹽，乃是「與民爭食」，百姓犯禁，過在朝廷。這些意見，是對元末朝政的有針對性的批評。當時的造反領袖張士誠兄弟便是「犯禁」的私鹽販。劉基《感時述事十首》之九發揮的也是同一見解：

惟民食為命，王政之所先。
海鹺實天物，厥利何可專？
貪臣務聚財，張羅密於氈。
厲禁及魚蝦，鹵水不得煎。
出門即陷阱，舉足遭纏牽。

怱然用鞭箠，寃痛聲相連。
高牙開怨府，積貨重奸權。
分攤算戶口，滲漉盡微涓。
官徵勢既迫，私販理則然。
遂令無賴兒，睚眦操戈鋋。
出沒山谷裡，陸梁江海邊。
橫行荷篥籠，方駕列船舷。
拒捕斥後懦，爭強誇直前。
盜賊由此起，狼藉成蔓延。
先王務廣德，如川出深淵。
外本而內末，民俗隨之遷。
自從甲兵興，奄忽五六年。
借籌計得喪，耗費倍萬千。
回憶至元初，禁網疏且平。

家家有衣食，畏刑思保全。

後來法轉細，百體皆拘攣。

厚利入私家，官府任其愆。

大哉乃祖訓，典章尚流傳。

有舉斯可復，庶用康迍邅。

在這首詩中，劉基公允地指出，由於官府與民爭食，民衆無以爲生，只能走上「私販」一途。「無賴兒」托跡於「私販」之中，「盜賊」即由此而起。劉基向來主張對「資賊」施以嚴刑，但對朝廷奪民衣食的「私禁」也深致不滿。對盜賊「刑」，對普通的私販「赦」，或刑或赦，二者缺一不可。

中國的百姓本來是以「安分守己」、「安土重遷」著稱的。然而，這種堅韌的耐性必須有一個前提，即：他們能繼續在土地上生存下去。一旦他們因政府和官吏的壓迫淪入「樂歲終身苦，凶年不免於死亡」，或「老者轉乎溝壑，壯者散之四方」的境地，一旦這些小民從「土地」上游離出來成爲「浮食遊民」，成爲

「私販」，公開的對政府的武裝反抗也就爲期不遠了。竭澤而漁，就等於自斷生路。

元末鈔法之失

劉基《感時述事十首》之八討論元末鈔法之失，是一篇重要的經濟史資料，顯示出劉基作爲一個政治家的遠見卓識。全詩如下：

八政首食貨，錢幣通有無。
國朝幣用楮，流行比金珠。
至今垂百年，轉布彌寰區。
此物豈足貴？實由威令敷。
廟堂喜新政，躁議違老夫。
悠悠祖宗訓，變之在朝晡。
瞿然駭群目，疑怪仍揶揄。

至寶惟艱得，韞櫝斯藏諸。
假令多若土，賤棄復誰沽？
錢幣相比較，好醜天然殊。
譬彼絺與綌，長短價相如。
互市從所取，孰肯要其觕？
此理實易解，無用論智愚。
矧茲四海內，五載橫戈殳。
赤子投枳棘，不知所歸途。
一口當萬喙，唇縮舌亦瘏。
導水必尋源，源達流乃疏。
藝木必培根，根固葉不枯。
慎勿庸邇言，揚火自焚軀。
尚克詰戎兵，丕顯厥祖謨。

要理解這首詩，必須明了元末鈔法更改的情形。據蔡美彪主編的《中國通史》第七冊介紹：順帝時財政竭蹶，至正十年（一三五〇年）十月，吏部尚書偰哲篤建議更改鈔法，鑄造銅錢。順帝和丞相脫脫採納此議，十一月間下詔行使新錢鈔法，印造新的中統交鈔（又稱至正中統交鈔）。以中統交鈔壹貫文省權銅錢一千文，準至元寶鈔二貫。元初的中統交鈔，以絲爲本，中統元寶鈔，以銀爲本。此後的至元、至大鈔也都以銀爲本。順帝新印至正交鈔，採納偰哲篤的建議，以楮幣爲母，銅錢爲子。如此顛倒本末，旨在以虛代實，以便放手印造交鈔。朝臣呂思誠等提出駁議，說民間必然會「藏其實（銅錢）而棄其虛（鈔幣）」，而順帝、脫脫不予理會。一三五二年，印造至正鈔一百九十萬錠，至元鈔十萬錠。一三五五年，印造至正交鈔多至六百萬錠，交鈔大量印行，卻無鈔本抵換，以致物價增長十倍。京師用料鈔十錠，換不來一斗粟。交鈔到處都是，如同廢紙，誰也不願使用；郡縣貿易，索性以物易物。鈔法敗壞，元朝的財政經濟，亦隨之崩潰。

「此理實易解，無用論智愚」。以虛代實，以粗代精，造成鈔多如土的局面，順帝和脫脫不能辭其咎。陶宗儀《南村輟村錄》收有《醉太平小令》一首，可見當時民怨之甚：「堂堂大元，奸佞擅權，開河變鈔禍根源，惹紅巾萬千。官制濫，刑法重，黎民怨！人吃人，鈔買鈔，何曾見？賊做官，官做賊，混賢愚，哀哉可憐！」

我們常說「官逼民反」，這個「官」，不宜理解爲某個官吏，而是指整個官僚機器。它腐敗無能，所制定的種種政策，無不威脅到百姓的生存，致使他們走投無路，揭竿而起。

因「變鈔」而「惹紅巾萬千」即是一例。

飲鴆止渴

鴆即毒酒。飲毒酒止渴，比喻只圖解決目前困難，不顧後來的大患。語出《後漢書·霍諝傳》：「譬猶療飢於附子，止渴於鴆毒，未入腸胃，已絕咽喉。」

飲鴆止渴，社會生活中確有這種人。

熊蟄父問子離：「有人口渴得厲害，劃開漆樹皮，取漆汁給他喝，行嗎？」

子離答道：「不行。」

「在池中養魚，怕水獺爲害，便在池中投放毒藥，行嗎？」

「不行。」

熊蟄父於是說道：「既然如此，那麼您的國王就太欠考慮了。國王惟恐百姓承擔的賦稅不均，就任用司馬發；司馬發見利而不見民，動用所有的人力，盡量搜括百姓，以此作爲自己的功績。百姓的收入不足以交納賦稅，許多老人、小孩飢餓而死，田野荒蕪，而這些情況國王一點也不清楚。國王憂慮敵寇尚未平定，就任用樂和；樂和見兵而不見民，爲了使兵士高興，便縱容他們搶劫。軍隊所過之處，百姓的妻小不能保全，故視他們如同虎狼，這些情況國王也一點都不清楚。這跟刺漆汁來解渴、毒池水來除獺有什麼區別呢？國王要是還不省悟，恐怕百姓將不是他的百姓，國家也不再是他的國家了。」

《郁離子·飲漆毒水》的內容如上。它抨擊了元王朝的虐民政策：一是「見利而不見民」，聚斂無度，一是「見兵而不見民」，軍紀敗壞。

中國歷代王朝，大體上重複著同樣的命運，在其統治中期以後，都不可避免地要面對「黎民離叛」的局面。這種由內部矛盾爆發所引起的黎民的反抗，使王朝的君臣們驚慌失措，急於解救，結果，其努力反倒變成了擴大災難的弊政，即飲鴆止渴。比如，百姓的生活本來很苦，生活資財已壓縮到了維持生存的極限，此時，政府為了籌措軍費，救濟流亡，又將額外的差遣、攤派加諸其身，這無異於叫那些勉強留在生產過程中的百姓再也生存不下去，從而迫不得已地加入叛亂隊伍。

劉基批評「飲漆毒水」，即旨在防止局面的進一步惡化。

元軍素描

「已聞盜賊多於蟻，無奈官軍暴似狼。」

劉基有幾首詩，宛如元軍的一幅幅素描，不妨作為「詩史」來讀。第一首是《北風行》：

城外蕭蕭北風起，城上健兒吹落耳。

將軍玉帳貂鼠衣，手持酒杯看雪飛。

元時軍隊中高級長官生活腐化的情形，由此可以想見。一邊是守城兵士的耳朵被寒風吹落，一邊是玉帳中身著貂裘的將軍手持酒杯在賞玩雪景，較之與兵士同甘共苦的西漢名將李廣，其差別之大，何啻天壤。

第二首是《射虎詞》：

長戈如林夾弓弩，言向深山射猛虎。

獠兒蒙鶡走如風，所過犬羊皆為空。

紛紛散入人家宿，丁男上山婦女哭。

前行聞虎心先畏，一虎當頭萬夫棄。

折弓墜刀委如土，卻向人前作威武。

見盜賊時是羊，見百姓時是狼，這便是元軍！

第三首爲《雨雪曲》，其中有這樣兩句：「盜賊官軍齊劫掠，去住無所容其身。」官軍與盜賊，已經同流合污，分不出彼此。第四首爲《至婺州聞官軍自溫處之江東，所過皆空，遂從間道還鄉》開頭兩句便是：「聞道人家總避軍，我亦獨穿豺虎群。」官軍已成爲四處搶掠的「豺虎」。

《郁離子》中《㸨人養猴》則也是寫元軍的：

有個㸨人，養著很多猴子，他給牠們穿上衣服，教牠們跳舞。牠們那旋轉曲折的舞態，無不與音樂的旋律相合。巴童看了，很嫉妒，慚愧自己比不上猴子，想設法讓牠們當衆出醜。於是事先在袖中藏著茅栗，前往觀看猴子的表演。酒席擺好了，猴子出場，賓客們都凝神觀看，旁邊的人還用腳打著拍子。這時巴童神態自若地揮動衣袖，茅栗被甩了出來，落在地上。衆猴見了，紛紛脫掉衣服，爭著搶拾茅栗，直鬧得壺倒桌翻。㸨人大聲呵斥，也阻止不住，大爲沮喪。

㸨（bó）是我國古代西南的一個少數民族。㸨人馴養的猴子，能按音樂節奏舞蹈，但一見到茅栗便爭奪不休。元朝的軍隊也是如此，紀律鬆弛，毫無戰鬥力，所以郁離子感嘆說：「今之以不制之師戰者，蠢然而蟻集，見物則爭趨之，其何異於猴哉！」劉基《感時述事十首》之四描述「不制之師」的情形，清楚確實，給讀者印象頗深：

豢狗不噬御，星馳募民兵。
民兵盡烏合，何以壯干城？
百姓雖云庶，教養素無行。
譬彼原上草，自死還自生。
安知徇大義，捐命為父兄？
利財來應召，早懷逃竄情。
出門即摽掠，所過沸如羹。
總戎無節制，顛倒迷章程。
威權付便嬖，掌罰昧公平。
飢寒莫與恤，銳挫怨乃萌。
見賊不須多，奔潰土瓦傾。

旌旗委田野，相顧目但瞠。
此事已習慣，智巧莫能爭。
廟堂忽遠算，胸次猜疑並。
豈乏計策士?用之非至誠。
德威兩不立，何以御群氓?
慷慨思古人，惻愴淚沾纓。

劉基筆下的烏合之衆即是元朝的政府軍。靠他們平叛，豈不是笑話?順帝時的御史大夫張禎，當紅巾軍毛貴部攻下山東時上書痛陳十禍，其中講到元朝政府及統軍將帥的腐敗情形時說：「臣伏見調兵六年，初無紀律之法，又無激勸之宜，將帥因敗爲力，指虛爲實，大小相謾，上下相依，其性情不一，而邀功求賞則同。是有覆軍之將，殘民之將，怯懦之將，貪婪之將，曾無懲戒。所經之處，雞犬一空，貨財俱盡。及其面諛游說，反以克復受賞。」（《元史》卷一八六《長禎傳》）如此政府，如此將帥，除了殘害百姓外，還有什麼別的能耐。

對元王朝的忠告——《郁離子》要旨之二

《劍橋中國明代史》第一章指出：在十四世紀的前半期，中國的精英階層一般地說來已經接受了蒙古統治的合法性。他們期望元王朝有所改進，就是當遇到政府有不可避免的失誤時他們也還是力圖維護傳統的參加政府的方式。

隱居青田的前期，劉基依然是元王朝的諍臣。

內訌的悲劇

孽搖山中，有一種鳥，一個身子九個頭。得到食物，八個頭都來爭奪，「呀」、「呀」地叫著，互相用嘴咬住不放，弄得鮮血淋漓，羽毛亂飛，食物不能下咽，九個頭都受了傷。海鳥見了，嘲笑牠們說：「你們幹嘛不想想，九張嘴吃食，都是到同一個肚子裡去呢？你們何必要互相爭搶呢？」

劉基虛構這個故事，意在諷刺元朝的內訌。當時，元朝的貴族、軍閥、地主武裝之間，因爭權奪利而經常發生混鬥，加速著元朝的滅亡。比如：

一、宗王之爭，即元朝廷與嶺北宗王的紛爭。一三六〇年五月，嶺北陽翟王阿魯輝帖木兒起兵反。阿魯輝帖木兒是窩闊台子滅里大王的後裔。武宗至大年間，阿魯輝帖木兒曾祖禿滿受封為陽翟王，世代襲封，鎮守北藩。元末亂起，順帝屢詔宗王發兵南討。阿魯輝帖木兒擁兵數萬，屯於木兒古兀徹之地，與宗王起兵反，派使者見順帝，說：「祖宗把天下交付給你，你何故丟失大半？何不將國璽給我，我當自為。」順帝派遣樞密院事禿堅帖木兒至洱海，徵兵出戰，元軍大敗，禿堅單騎逃回上都。一三六一年，順帝又命知樞密院事老章領兵十萬出擊，阿輝帖木兒戰敗東逃，被部下脫歡與宗王囊加等擒送京師，順帝將他斬首。

二、皇室、軍閥之爭。元朝平叛的兩支主力，分別由孛羅帖木兒與察罕帖木兒統領。察罕帖木兒被殺後，擴廓帖木兒繼領父軍，攻破汴梁，平定山東，勢力大增。這時，孛羅帖木兒受命屯兵大同。兩大軍閥之間，爲了爭奪地盤，擴奪實力，相互爭鬥不已。一三六三年六月，孛羅帖木兒遣將竹貞進據陝西，擴廓帖木兒與李思齊合兵來攻，竹貞投降。八月，孛羅帖木兒從大同南下，占領擴廓帖木兒所擁有的眞定路境。這時，一部分朝臣如御史大夫老的沙，知樞密院使禿堅帖木兒因得罪皇太子而逃奔大同，躲進孛羅帖木兒營中。另一部分依附太子的朝臣如右丞相搠思監與宦者朴不花遂誣陷孛羅帖木兒謀爲不軌。一三六四年三月，順帝下詔削奪孛羅帖木兒官職，孛羅帖木兒拒不遵命，朝廷命擴廓帖木兒徵討。於是，兩大軍閥之間的爭奪又與朝廷上的黨爭攪在一起，日趨激烈。

孛羅帖木兒與禿堅帖木兒合兵進京。四月，禿堅帖木兒攻入居庸關。孛羅帖木兒要挾朝廷，必得搠思監、朴不花才能休兵，順帝只好將二人捕送到軍前，被孛羅帖木兒殺死。順帝又下詔加封孛羅帖木兒太保，仍駐守大同，禿堅帖木兒爲平章政事。五月，禿堅帖木兒軍退，順帝又詔令擴廓征討孛羅。七月，孛羅、禿堅、老的沙等再次攻入居庸關。太子領兵拒戰，兵敗，逃往冀寧。順帝無奈，以孛羅帖木兒爲中書左丞相，老的沙爲中書平章，禿堅帖木兒爲御史大夫。八月，又下詔以孛羅帖木兒爲右丞相，節制天下軍馬。

一三六五年，太子與擴廓帖木兒在太原調兵遣將，進擊孛羅帖木兒。孛羅帖木兒則派禿堅帖木兒從京城率兵討伐上都太子黨。七月，在孛羅帖木兒入奏時，順帝派勇士趁機將他殺死。九月，太子還朝，伯撒里爲右丞相，擴廓帖木兒爲左丞相。禿堅帖木兒、老的沙等被處死。

孛羅帖木兒與擴廓帖木兒本是元王朝的兩支主力。內訌的結果，只剩下擴廓帖木兒一支。而擴廓帖木兒在朝任相兩月，又南還督師。元王朝因而處於無相又無軍的境地，它還能支撐多久呢？這與九頭鳥的九頭相爭又有什麼不同呢？

司馬遷的《史記·張儀列傳》中有一則寓言，敘述卞庄刺虎的故事：

卞庄子發現兩隻老虎，立即拔劍在手，準備刺殺。小僮在一旁勸阻他說：

「您看這兩隻老虎，正在共食一牛，一定會因爲肉味甘美而爭鬥起來。兩虎相鬥，大者傷，小者死。到那時候，將傷虎殺死，就能一舉兩得。」卞庄子感到小僮的話很有道理，便站著等待。過了一會兒，兩隻老虎果然爲爭肉而撕咬起來，小虎被咬死，大虎受了傷。卞庄子揮劍殺死傷虎，果然一舉而獲兩虎。

而元王朝的內訌即有似於這兩虎爭肉，只等著卞庄子式的智者來收拾他們了。

李延壽《北史·長孫晟傳》記載：

曾有兩隻大雕爲了爭奪一塊肥肉而你追我逐。突厥國王攝圖，交給長孫晟兩隻箭，讓他射下大雕。長孫晟手持弓箭，待兩隻大雕撲到一起爭得難解難分時，一箭射去，貫穿了兩隻大雕。

長孫晟一箭雙雕，也是利用了雕的內訌。如此淺顯的道理，元王朝的君臣們卻想不明白。劉基有兩句詩說：

廟算得其長，豺狼安足吞！

這是事實。但其奈廟算不長何！

主一不亂

《呂氏春秋》有《不二》一篇，文章開頭便提出論點：「聽群衆人議以治國，國危無日矣！」作者設譬說：設置金鼓，旨在統一軍隊的聽聞，同一法令，旨在統一百姓的思想。使聰明的人不能逞其巧智，使愚昧的人不能止於笨拙，旨在集中衆人的智慧。使勇敢的人不能冒進，使膽怯的人不能畏縮不前，旨在集中衆人的力量。故云，統一則治，不統一則亂，集中則安，不集中則危。

也許並非偶合，《郁離子》有《主一不亂》一篇。「主一」，亦即「不二」。

屠龍子與都黎對弈。都黎接連輸棋，館舍老板同情他，過來助戰；他又輸了，旁觀者感到吃驚，也來助戰。屠龍子的隨從請求停止下棋，說：「我聽說『寡不敵衆』。他集中了衆人的智慧，我擔心您贏不了，以致前功盡棄。」屠龍子沒有答應，照舊坐著下棋。都黎這次輸得更慘，助戰者面面相覷，吃驚得臉色都變了。他們握著棋子互相埋怨。叫他們重下，誰也不敢應戰。

屠龍子與都黎對弈的事，說明了什麼呢？劉基的結論是：主一不亂。「子不觀夫鬥獸乎？夫獸，虎為猛，今以虎鬥虎，則獨虎之不勝多虎也明矣；以狐鬥虎，則雖千狐其能勝一虎哉？多，愈見其自亂也。昔者六國合縱以擯秦，辯士之為秦者以連衡喻之，六國果不勝，如辯士言。今者之弈，猶是也。吾嘗行於野，見兩頭之蛇，其首一東而一西，二者相掣，終日不能離其處，吾觀而悲焉。故為巨室者，工雖多必有大匠焉，非其畫不敢裁也，操巨舟者，人雖多必有舵師焉，非其指不敢行也。故視聽專而事不僨，是故四海之民聽於一君則定，百萬之師聽於一將則勝。」

在《琴弦》篇中，劉基從另一角度揭示了「統」的必要性：

晉平公作琴，大弦與小弦同，使師曠調之，終日而不能成聲，公怪之。師曠曰：「夫琴大弦為君，小弦為臣，大小異能，合而成聲，無相奪倫，陰陽乃和。今君同之，失其統矣，夫豈瞽師所能調哉？」

抹殺大弦小弦的區別，則失去了君王之尊；無君王之尊，則「失其統矣」，君臣之間就沒法協調一致了。

萬夫一力，天下無敵。

衆志之多疑，不如一心之獨決。

智不如豺

「阿豺折箭」的故事在我國民間流傳甚廣。事見北齊魏收所著的《魏書·吐谷渾傳》大意是說：

吐谷渾的首領阿豺有二十個兒子。一天，阿豺命兒子們每人拿過一支箭來，他把箭一一折斷，扔在地上。過了一會兒，阿豺又對他的同母弟弟慕利延說：「你拿一支箭把它折斷。」慕利延毫不費力地就折斷了。阿豺又說：「你再取十九支箭來，把它們一起折斷。」慕利延竭盡全力，怎麼也折不斷。阿豺意味深長地說：「你們明白了其中的道理嗎？單獨一支容易折斷，聚集起來就難以摧毀了。只要你們同心協力，我們的江山就可以鞏固。」

「阿豺折箭」的故事，包含了這樣一個眞理：衆志成城。（大家同心協力，就像城牆一樣的牢固。比喻大家團結一致，就能克服困難，得到成功。）或如一句格言所說：團結就是力量。這一道理，劉基在《郁離子·豺智》篇裡作了精彩發揮：「豺之智其出於庶獸者乎？嗚呼，豈獨獸哉，人之無知也亦不如之矣！故豺之力非虎敵也，而獨見焉則避，及其朋之來也則相與掎角之。盡虎之力得一豺焉，未暇顧其後也，而掎之者至矣，虎雖猛其奚以當之？長平之役，以四十萬之衆投戈甲而受死，惟其智之不如豺而已。」

劉基提到的長平之役，是戰國後期秦國大敗趙國的一次戰役。秦昭王四十五年（公元前二六二年），秦包圍韓的上黨，上黨郡守馮亭以地獻於趙，引起秦趙在長平（今山西高平西北）大戰。趙將廉頗堅守長平達三年之久。秦昭王四十七年，趙國中反間計，改用趙括爲將。趙括空談兵法，率大軍盲目出擊，秦將白起在正面詐敗後退，另外布置兩支奇兵襲擊趙軍後路。趙兵受困，臨時築壘堅守，等待援救。秦昭王聽得趙糧道已斷，親到河北，徵發十五歲以上男子，悉數送長平，阻絕趙救兵及糧食。趙兵飢餓四十六日，殺人而食。趙括分兵四隊，輪流攻秦壘，不能破，趙括自率精兵猛攻，被秦兵射死。趙軍失主將，投降秦軍，凡四十餘萬人。白起怕趙兵尋機會反抗，把四十餘萬人一起在長平坑死。

長平之敗，人們多歸咎於趙括。劉基則以爲，趙兵亦負有無可推卸的責任，四十多萬人，如能像豺一樣地團結起來抗擊秦軍，勝敗正未可知。可惜他們智不如豺。

劉基《憂懷》詩云：

群盜縱橫半九州，干戈滿目幾時休？
官曹各有營身計，將帥何曾為國謀！
猛虎封狼安荐食，農夫田父困誅求。
抑強扶弱須天討，可怪無人借策籌。

「官曹各有營身計」，這正是元朝軍心不齊，常吃敗仗的原因。他們各打自己的小算盤，怎麼會一心一意爲國家利益著想呢？這些自以爲比豺聰明的人，其實比豺愚蠢！

緩急適中

治理元末社會的病症，過於緩慢不行，急於求成也不現實。

趙王太子患病，招來一位名叫「緩」的醫生。醫緩到後，說：「病情危急，非用價值萬金的藥物治療不可。」問他該用什麼藥，醫緩答道：「必須有代地的赭，楚國的美玉，岣嶁山的朱砂，禹同青蛉的空曾青，昆侖山的紫石英，合浦的珍珠，蜀地的犀角，三韓的龜甲，醫無閭山的珣、玗、琪，摻上水銀和鉛來燒煉，一年開始融合，兩年成形，三年而金丹產生，然後取出，埋在土中，再過三年服用，病情就可以好轉了。」淳于公聽說了這件事，笑道：「這眞是名不虛傳的醫『緩』。」

急驚風碰上慢郎中，當然不濟事。

梧丘有個農夫，靠種稻爲生。每年總要儲存相當數量的陳穀，一直吃到接上新穀；新的不到口，不敢把陳的吃光。一天清晨，他看到自己的稻子抽穗老高，顆粒飽滿，高興地回到家裡，說：「新穀快成熟了！」於是，取出全部的陳穀，全家人放開肚子吃起來。陳的快吃光了，新的還沒有成熟，不禁抱怨稻穀成熟太慢。他和兒子、妻子輪番去庄稼地探望，稻田中踩出了路，稻子卻似乎更青了。

其實，並非稻子返青，而是由於他們巴望稻子成熟的心情太急切。

對症下藥

對症下藥是個廣爲人知的典故，比喻針對事情的問題所在，作有效的處理。

典出《三國志·魏志·方技傳》：

府吏倪尋、李延同住，俱頭痛身熱，所苦正同。華佗曰：「倪尋當服瀉藥，李延當發汗。」有人責難他採用不同的方劑。華佗曰：「倪尋內實，李延外實，所以應採用不同的治法。」二人服藥，第二天都痊癒了。

華佗對症下藥，這一故事啓示人們，辦事決不可千篇一律。而以醫喻治，也已成爲常套。唐末柳祥（或李隱）的《瀟湘錄》中，有篇《益州老父》，寫一善醫的益州老父，攜一藥壺於城中賣藥，有疾得藥者，無不癒。這老父時常陷入沉思之中，「或自遊江岸，凝眸永日，又或登高引領，每語竟日。」他思索什麼呢？不是思索如何「醫人」，而是考慮著如何「醫國」，「每遇有識者」，他總是不厭其煩地談論治國的道理：

夫人一身，便如一國也。人之心即帝王也，傍列臟腑，即內輔也，外張九竅，即外臣也。故心有病則內外不可救之，又何異君亂於上，臣下不可正之哉？但凡欲身之無病，必須先正其心，不使亂求，不使狂思，不使嗜欲，不使迷惑，則心先無病。心先無病，則內輔之臟腑，雖有病不難療也，外之九竅，亦無由受病矣。況藥亦有君臣，有佐有使，苟或攻其病，君先臣次，然後用佐用使，自然合其宜。如以佐之藥用之以使，使之藥用之以佐，小不當其用，必自亂也，又何能攻人之病哉？此又像國家治人也。……悲夫，士君子記之！

益州老父這種充滿「悲夫」之情的關於國家治亂的議論，乃是當時「士君子」的共同話題。它所表達的是爲大唐命運哀惋的沉痛心理。

無獨有偶，目睹元末的社會動亂，劉基也充滿了憂慮之情，並且也曾以醫喻治：「治天下者其猶醫乎？醫切脈以知證，審證以爲方。證有陰、陽、虛、實，脈有浮、沉、細、大、而方有汗下、補瀉、針灼、湯劑之法，參、苓、薑、桂、痲黃、芒硝之藥，隨其人之病而施焉，當則生，不當則死矣。是故知證知脈而不善為方，非醫也，雖有扁鵲之識，徒嘵嘵而無用，不知證不知脈，道聽塗說以為方，而語人曰我能醫，是賊天下者也。故治亂證也，紀綱脈也，道德、政刑方與法也，人才藥也。夏之政尚忠，殷承其敝而救之以質；殷之政尚質，周承其敝而救之以文；秦周酷刑、苛法以箝天下，天下苦之，而漢承之以寬大，守之以寧壹。其方與證對，其用藥也無舛，天下之病有不瘳者鮮矣。」

劉基對歷史經驗的總結是頗有見地的。如柳詒徵《中國文化史·忠孝之興》所說：「唐、虞以降，國家統一，政治組織，漸臻完備。於是立國行政，始有確定之方針。其方針大抵因時勢之需要而定，救弊補偏，必有所尚。時移勢異，偏弊不同，則所尚亦因之而異。」根據不同的社會政治情況，採取不同的措施，才是明智之舉。

那麼，劉基為元末社會開出的藥方是什麼呢？即「以大德戡大亂」，包括用賢才，去小人，勿聚斂於民，恩威並用等具體措施。照劉基所說的去做，元末社會未必無救。但元末朝廷根本就不會重用劉基。劉基雖善醫，而無所用其技，又有什麼辦法呢？他的《感懷三十一首》中有這樣兩首：

孟軻去齊魏，賈誼之長沙。
聖賢良已矣，吾道空咨嗟。
徒言青松枝，不如桃李花。
太息安陵子，知時為世誇。

客有持六經，翩翩西入秦。
衣冠獨異狀，談舌空輪囷。
獻納竟何補，焚坑禍誰因？
昂昂採芝士，矯矯蹈海人。
龍驤九淵外，豈復嘆獲麟。

「道之不行，已知之矣」。既然元末朝廷不讓劉基施展抱負，那他就只能考慮別的選擇了。

南轅北轍

南轅北轍，語本《戰國策·魏策四》季梁諫魏王攻邯鄲的話「猶至楚而北行也」。心裡想往南去，車子卻往北走。比喻行動和目的相反。

劉基《雜詩四十一首》之二十七云：

楚人將適蜀，揚帆信江水。
江闊多西風，帆逸行不止。
日暮入海濤，極目無涯涘。
鯨魚吹高浪，舵折檣竿圮。
頓足空號呼，煙波千萬里。

蜀在楚的西面，由楚適蜀，當逆江流而上，但這位楚人卻順流東下，到了東海。面對茫茫海濤，舵折桅斷，他只有徒然地對天號哭！

這位楚人，無疑是元王朝的那些執政者的象徵。

元順帝至正三年（一三四三年），監察御史烏古孫良楨鑒於蒙古風俗「父死則妻其後母，兄弟死則收其妻，父母死無憂制」，上奏說：「綱常皆出於天，而不可變。議法之吏乃云：『國人不拘此例，諸國人各從本俗。』是漢人、南人當守綱常，國人、諸國人不必守綱常也。名曰優之，實則陷之；外若尊之，內實侮之。推其本心，所以待國人者不若漢人、南人之厚也。請下禮官有司及右科進士在朝者會議。自天子至於庶人皆從禮制，以成列聖未遑之典，明萬世不易之道。」奏人不報。

「名曰優之，實則陷之；外若尊之，內實侮之。」此非南轅北轍，是什麼？

至正十一年（一三五一年），托克托任丞相。據史志記載，「丞相托克托議軍事，每回避漢人、南人；方入奏事，目顧同列，韓伯高、韓大雅隨後來，遽令門者勿納。入言曰：『方今河南漢人反，宜榜示天下，令一概剿捕。蒙古、色目因遷謫在外者，皆召還京師，勿令詿誤。』於是榜出，河北之民亦有變而從紅軍者矣。」

本欲弭患，而禍患愈大。這是南轅北轍的又一例證。

與元王朝的艱難決裂

與元王朝決裂，這在劉基是件十分艱難的事。本書強調這一事實，乃是為了澄清相沿已久的誤解：在民間傳說中，劉基似乎在青年時期就有志於推翻元朝，而這顯然與事實不符。

民間傳說中的劉基

明末小說《英烈傳》根據徐禎卿《翦勝野聞》、楊儀《高坡異纂》等筆記，編寫出有關劉基的情節，其中有下述兩個片斷：

元朝的太保劉秉忠，他的孫兒名基，表字伯溫，中了元朝進士，做高郵縣丞。將及半年，猛思如今英雄回起，這個官那裡是結果的事業，便棄了官職回鄉。每日手把春秋，到這山下揀個幽僻去處，鋪花裀，掃竹徑，對山而坐，觀書不輟。將近年餘了，忽一日崖邊豁地響了一聲，只見石門洞開，可容一人側身而進。那伯溫看了半晌，便將書丟下，大步跨入空谷中。卻有人大喝道：「裡面毒氣難當，你們不可亂進。」伯溫乘著高興，只顧走進洞中，漆黑難行，有好幾處竟是一坑水，也有幾處竟如螺螄灣。伯溫走了一會，正在心下狐疑。轉變抹角，卻透出一點天光來。伯溫大喜，暗想：「此處必有下落了。」又走了數百步，忽見日色當空，天光清朗，有石室如方丈大一個所在。石室上看有七個大字道：「此石為劉基所破。」伯溫心知此是天意，令我收此寶藏。遂拾個石子，向那石上猛擊一下，只見毫光萬道，即時裂開，一個石函中有硃抄的兵書四卷。伯溫便對天叩謝，將書藏在袖中，正欲走出，忽聽得豁喇一聲，枯藤上跳出一隻白猿來，望著伯溫張開了口，扯開了腳，竟要撲上來。伯溫大喝道：「畜生，天賜寶貝，原說與我劉基的，你待怎樣！」那猿便斂形拜伏在地，忽作人言說：「自漢張子房得黃石公秘傳之後，後來辟谷嵩山，半路中將書數藏在內。便命六丁、六甲，拘本山通靈神物管守。……今日，天意將此書付與先生，輔主救民，要我在此無用，求先生方便，破開圓圈，把小猿寬鬆些也好！」……

一日，伯溫湊巧與原相契結的宇文諒、魯道源、宋濂、趙天澤遇著，便載酒同遊西湖。舉頭忽見西北角上，雲色異常，映耀山水。道源等分韻題詩為慶，獨伯溫縱飲不顧，指了雲氣，對著衆人說：「此真天子出世，王氣應在金陵。不出十年，我當為輔，兄輩宜識之。」衆人唯唯。到晚分袂而別。

自此，暑往寒來，春秋瞬息，伯溫在家中，只是耕田、鑿井，與老母妻兒，隱居邱壑之內，不覺光陰已是十年了。

那些張士誠、方國珍、徐壽輝、劉福通，時常用金帛來聘他，伯溫想此輩俱非帝王之器，皆力辭不赴。

上面兩段情節，分別見於《英烈傳》第十七、十八兩回。它們包含了對劉基的幾點重要的誤解。一、以爲劉基很早便放棄了對元朝的忠誠；二、以爲劉基很早便視朱元璋爲眞命天子。這與歷史事實相差太遠。其雖屬小說，但影響已掩蓋了眞實，故須撥正。

《應侯止秦伐周》的蘊含

先說劉基對元朝的忠誠問題。《郁離子》是劉基隱居青田期間的代表作品，有關他的情感傾向的材料，《郁離子》是最富於說服力的。我們試讀其中的幾則。第一則，《應侯上秦伐周》：

秦起兵欲攻周，國人都不肯跟著他做。在向秦昭王解釋「國人皆不與」的緣由時，應侯先講了一則寓言：「我同里的人中，有個名叫公孫弗忌的。他認爲鄰家的老頭軟弱可欺，就盤算著到他家去吃喝。於是他邀集同伙，告訴他們：『那人是與我相鄰的老頭，富有而吝嗇，我和你們一起到他家去吃喝吧。』同伙問：『他雖然富有卻很吝嗇，有什麼辦法能吃喝到他的東西？』公孫弗忌說：『我們去偷他。』同伙聽了，都露出不樂意的神色。第二天，又打算去。同伙說：『你的辦法太不高明，何不另想一個？』公孫弗忌說：『我們用脅迫的手段，逼他拿出來。』同伙中有一半人不願跟他去，這次又沒去成。過了幾天，他又與同伙商量：『我們先拿錢辦一桌酒席，恭恭敬敬地邀請鄰居老頭一起喝酒，之後多要他的東西，每天跟他細細結算，並經常邀請他的子侄們，不要幾年，就會掏盡他的積蓄。這辦法如何呢？』他的同伙都高高興興、願意跟著去。」應侯講完了這個故事，然後引伸說：「上面三種方法，都是用不道德的手段來謀取別人的東西，實質是一樣的。他的同伙之所以或贊成或反對，目的是爲了避免不義的名聲。現在，周是天下的共主，沒有桀、紂的罪名，你毫無理由地進攻它，誰願意承受這個惡名？我原本就知道國人不會跟隨你。」

應侯的見解，也就是劉基的見解，表明了劉基對「叛亂」的反對態度。「叛亂」在中國的社會政治生活中是一個可怕的罪名。據記載，明末造反領袖李自成，當他率軍進入北京城，聽說崇禎皇帝已自縊而死時，他感到疑懼甚至悲傷。弗雷德里克·書克曼認為，這是因為他「感覺到了在中國的政治看法中弒君者可怕的負擔，他可能還認識到篡位者很少能長久在位，通常要被一個對推翻前皇室沒有責任的人所接替。」這可以說明李自成為何一再推遲他的登基儀式，而寧願保持順王的頭銜。連李自成這樣一個造反領袖都畏懼惡名，何況劉基這樣一個傳統知識分子呢？

第二則，《安期生》：

安期生在之罘山學得法術，他手執赤刀，用來役使老虎，左右指揮，老虎都像小孩一樣任其擺布。東海黃公見了，很羨慕，以為其神靈奧妙全在這把赤刀上，遂偷來佩在身上。一次外出，途中遇到老虎，他拔出刀來與虎格鬥，沒有取勝，反被老虎吃掉了。郁離子說：「如今像東海黃公這樣的人太多了。有蔡人在淮水中捕魚，得符文之玉，自以為天授之命，於是去大澤中，召集衆人，以圖大事，結果，大事不成，落得滅族的下場，也屬於東海黃公一類。」

《安期生》一則，與明初瞿佑《剪燈新話》卷一《華亭逢故人記》有相通之處。其潛在的含義是正告那些「倡亂者」勿存僥倖之心。

大一統觀念是儒家學說的要旨之一。「皇天眷命，奄有四海，爲天下君。」《尚書·大禹謨》的這幾句話，表達的是「一統江山」或「一統政治」的信念。孔子所提出的「禮樂征伐自天子出」的政治原則，董仲舒所制定的「春秋大一統者，天地之常經，古今之通誼」的政治公式，將「天無二日，民無二王」的觀念越來越明確地灌輸給天下臣民，經過一代又一代的反覆發揮和宣傳，以致於中國從來就沒有「分治」、「聯治」等說法——誰想「分治」，誰便是「亂臣賊子」；與人分治，則被視爲「偏安」。四海一家，其所有權屬於天子一人。

既然天下爲天子所有，那麼，任何對天子財產存覬覦之心者都會被視爲「盜」，而「盜」是難得有好結局的。所以，秦起兵欲攻周，國人都不肯跟著他做，因爲這是「亂臣賊子」的行徑；所以，「圖大事」的蔡人落得滅族的下場，因爲與帝王抗衡，是很難得到「天命」眷顧的。

劉基對於傳統中國知之甚深，所以，他以爲，如果沒有合適的名義，切莫輕舉妄動。公開的「反元」旗號是用不得的。

朱升勸朱元璋「緩稱王」，用意也許與劉基相近。

時世不可爲

劉基反對「叛亂」，並不表明他由衷地擁戴元朝廷。他對元朝廷早已失去希望。《郁離子·魯般》以修葺壞宅爲喻，指出元王朝已不可救藥。

郁離子之市，見壞宅而哭之慟。或曰：「是猶可葺與？」郁離子曰：「有魯般、王爾則可也，而今亡矣夫，誰與謀之？吾聞宅壞而棟不撓者可葺，今其棟與梁皆朽且折矣，舉之則覆，不可觸已，不如姑仍之，則甍桷之未解者猶有所附，以待能者，苟振而摧之，將歸咎於葺者，弗可當也。況葺宅必新其材，間其蠹腐，其外完而中潰者悉摒之，不束椽以為楹，不斫柱以為椽。其取材也，惟其良，不問其所產。楓、柟、松、栝、杉、櫧、柞、檀，無所不收，大者為棟為梁，小者為杙為栭，曲者為枅，直者為楹，長者為榱，短者為梲，非空中而液身者，無所不用。今醫閭之大木竭矣，規矩無恒，工失其度，斧鋸刀鑿，不知所裁，桂、樟、柟、櫨，剪為樵薪，雖有魯般、王爾不能輒施其巧，而況於無之乎？吾何為而不悲也！」

在這則寓言中，劉基抨擊了元朝廷所用非人、自取敗亡的做法，其辭氣是異常尖銳的，但篇末「吾何爲而不悲」的感嘆，卻說明他仍未絕然地站到元朝廷的對立面去。

比《魯般》一則更進一步說明劉基不再關心元王朝命運的，是《巫鬼》。郁離子身處亂世，頗有救世之心。王孫濡勸他打消這一念頭，因爲時世已不可爲。王孫濡用一個比方來說明問題：

你沒有聽說過楚巫之鬼嗎？楚人迷信，好祭祀鬼神。巫與鬼爭著顯示神靈，暗地裡將鬼的偶像放倒在地。鬼不知道是誰做的，於是就在附近村落作祟。有位鄉老到祠中祭祀，見鬼的偶像橫臥在地，便畢恭畢敬地施禮禱告，然後將它扶了起來。鬼見了，以為自己的偶像就是他放倒的，於是痛打鄉老，鄉老就這樣被打死了。如今，「天下之卧」已不可扶起，你倘若不避開，不僅毫無益處，而且會招致禍患。

王孫濡的話，著重在這一點：元王朝的崩潰已是必然之事，誰如果去拯救它，反而會被拉來作替罪羊，代元王朝那班昏庸的君臣受過。明哲之士，合適的選擇是去隱居。如劉基《雜詩四十一首》的最末一篇所說：

夷齊值明時，餓死西山陽。
四老生亂世，採芝以徜徉。
李業遇公孫，欲蓋返受殃。
嚴陵辭故人，萬古清名揚。
性也實有命，君子順其常。
漫漫雲間鳥，冥冥隨風翔。
海宇豈不寬，六翮有短長。

浩歌向日月，曲盡意茫茫。

以隱爲高

不再關心元王朝的命運，劉基毅然決然地遁入了山林之中。《蟄父不仕》與《梓棘》二則，抒寫以隱爲高的題旨，濃墨重彩，意味深長。

宋王打算任命熊蟄父擔任司馬，熊蟄父謝絕了。宋王對杞離說：「他是嫌官小嗎？我將任命他爲太宰。」杞離說：「請允許臣去試探一下他的口氣。」

第二天早晨，杞離到熊蟄父家去，沒見到蟄父，但在大路上碰到了他的僕人，遂向其僕人轉達了宋王的意思。

蟄父的僕人告訴杞離：「主人的意願我還說不準，但我曾聽說過這樣一件事：南海島上的人，喜歡吃蛇肉，到北方遊歷時，常把晾乾的蛇肉當作乾糧。有個島人到齊國去，受到主人的熱情款待，島人很高興，就用風乾的花斑蛇肉來答謝。主人見了，嚇得吐蛇逃走了。這位島人不明白主人的意思，還以爲是嫌禮物少，又讓僕人挑選最大的風乾毒蛇肉送給主人。如今宋王與您，不是與這位島人相像嗎？」

杞離聽罷，慚愧地走了。

短視的人以仕爲貴，劉基卻以隱爲貴。《蟄父不仕》的立論，依托於這樣一個背景，即元末官場險情密布。如劉基《招隱五首》之一所說：

浮景無根株，逝川不可留。
昨日蓄草春，今朝蓬梗秋。
鼎食豈不美？酖毒潛戈矛。
華軒豈不貴？長路能摧輈。
子胥棄吳江，屈原赴湘流。
韓彭竟菹醢，蕭樊亦累囚。
何如張子房，脫屣萬戶侯，
深韜黃石略，去從赤松遊？

在劉基看來，追求榮華富貴雖然並沒有什麼過錯，但飛黃騰達者卻往往不得善終；一個正直的人尤其容易遭到陷害。在現實的人事紛爭中，處處有風波，時時有危險。與其仕進而蹈湯火，何不索性站在險象環生的官場之外？熊蟄父之不仕，體現的正是劉基的想法。

《莊子‧列禦寇》有如下記載：

有人聘莊子去做官，莊子回答使者說：「您見過供祭祀用的牛嗎？身披五彩花巾，吃著草、豆拌成的上等食料，似乎得天獨厚，超群一等。待到被牽入太廟屠宰，再想獲得自由，回到圈裡做一頭尋常的牛，能辦得到嗎！」

劉基《招隱五首》之五云：

有客款我廬，身披紫雲袍。
鳴騶列前後，從者皆俊髦。
坐我蓬蓽下，向我談伊皋。
手斡北斗魁，足踏東海鰲。

高視六合內，泰山等毫毛。
揮袂起謝客，且還飲我醪。
醉卧不知曉，衡門塞蓬蒿。

詩對「功名客」的嘲諷，與螢父僕人之嘲杞離，其神情何其相似！元末的「功名客」，無異於供祭祀用的牛。

劉基《擬連珠》之七說得好：

蓋神龍未雲，湯淵淪而無悶，凡魚得水，罣網罟而莫知。是故聖哲識時以遠悔吝，愚蒙競利以冒傾危。

梓棘爭美

用擬人的手法寫寓言，也是劉基所長。

梓樹對荊棘說：「你怎麼搞的？身材瘦小，其貌不揚，葉子一落光禿禿，難看得簡直無地自容。纏繞在草叢中，遮掩在枯枝敗葉下，永遠見不著太陽，不也令人發愁嗎?瞧我的枝幹，高聳在山崖之上，樹梢能拂著太陽，根深深地扎入地下，日月運行，我能留下它的光輝，風雨來時，我身上流下清涼的雨水。鳳凰和翠鸞，無論早晚都在我身上快樂地鳴叫。暖雲淡霧，受山川水澤的薰蒸，凝結成祥瑞的雲霓，形成五色美景，構成和諧的音樂，組成絢麗的花紋，烘托著日頭，倒映著湖光。其文采華美，如同剛在蜀江中洗滌過的蜀錦，其色彩鮮艷，如同春天的花朵映照著宮殿。因此，工匠們只要發現我就會看中，打算用我來做天子大殿的棟梁。」

梓樹的話剛說完，荆棘便趁著清風而呼嘯，伸直了枝條像吟詩一般地說：「確實十分美!我聽說過，打扮得很妖媚的女人就會招來侮辱，穿戴得很華麗的人就會招來盜賊，才具卓特的人就會招來忌妒。現在，你的風姿超群軼倫，你的聲名顯赫一時，但你大運未到，並沒有人要建造大廈，所以我擔心，你不僅做不成天子大殿的棟樑，反而會被斫削爲葬具，與腐爛的骨肉一起去那昏暗的地府九泉，到那時候，你再想見到太陽，有這個可能嗎?而我，雖長不滿八尺，粗不到一根手指頭，披散著，屈曲著，沒有花紋，沒有條理，老天不賦予我才具，卻送給我一身的刺，使砍柴的人不敢光顧，使飛鳥不敢落在我身上。所以，我雖然沒有你這樣的風姿，卻也沒有你那樣的憂愁，如此說來，我所得到的比你強多了，我還有什麼不滿足的呢！」

《梓棘》所發揮的意想，與莊子說的「山木以不材得終其天年」相近。置身亂世，能苟全性命就不錯了，期於用世只能是不切實際的空想，因此，隱士哲學便像季風一樣在讀書人中勁吹。隱士哲學的核心之一即韜晦，即大智若愚，即將出色的才具掩蓋起來。對此，劉基深有體會。他的《感懷三十一首》之十二云：

翡翠翔汀洲，亡身為毛羽。
不如道傍苎，尚得滋味苦。
驅車上太行，還顧望梁甫。
高岡多烈風，茂林化為岵。
空餘澗底藤，蒙蘢蔓煙雨。

之二十七亦云：

象以齒自伐，馬以能受羈。
猛虎恃強力，而不衛其皮。
世人任巧智，天道善盈虧。
不見瑤台死，永為天下嗤。

而《招隱五首》之三的設譬與《梓棘》無疑更爲接近：

豫章長千仞，挺生崇崖陰。
布葉連青雲，交柯蔽曾岑。
結根豈不固？斤斧將見尋。
有柏生石間，屈曲叢灌林。
古根錨飛溜，電火焚中心。
大不中梁柱，小不堪瑟琴。
風霜自搖落，偃蹇獨至今。

無論是翡翠鳥與道旁李的命運的對比，還是對「象以齒自伐，馬以能受羈」的強調，或是「長千仞」的豫章與屈曲的柏樹的不同結局，這些都指向一個意思：眞正的智者，在元末必然會選擇韜晦之路，即隱居起來。

「閉藏當有待」

隱居青田的後期，劉基與元王朝決裂的意向越來越鮮明。他的《蛟溪詩》即是這一意向的表白：

蛟乃龍之徒，隱顯異凡質。
屈蟠深彎環，靈變不可悉。
清溪溧百湍，漱滌見洌溧。
寒飆黯離晶，陰電煬幽室。
超騰雲需徯，訶禁鬼神謐。
應龍翔中天，渙汗濕箕畢。

大江揚濁瀾，鼉蜃恣狂譎。
閉藏當有待，保養慎無失。
搜奇凜精魄，踢步迷故術。
谽岩生長風，林木暮蕭瑟。

龍是古代傳說中一種能興雲作雨的神異動物，與鳳一樣，常用來比喻才能優異的人。比如《三國演義》中的諸葛亮，就被稱爲「卧龍」。卧龍式的人物，决不輕易行動，而一旦風雲際會，便會大展鴻圖。這也就是劉基所說的：「閉藏當有待，保養慎無失。」「屈蟠深彎環，靈變不可悉。」

劉備三顧茅廬，曾聽一少年擁爐抱膝，唱了這樣一首歌：

鳳翱翔於千仞兮，非梧不栖；
士伏處於一方兮，非主不依。
樂躬耕於隴畝兮，吾愛吾廬；
聊寄傲於琴書兮，以待天時。

種「淡泊以明志，寧靜而致遠」的境界，算是對「閉藏當有待」的準確闡釋。明乎此，再來讀劉基的有些作品，當體會得更深切一些。如《題山水圖》：

江上何所有？高低千萬峰。
結廬覆以茅，取足聊自容。
綠樹既蓊郁，清溪亦溶溶。
地僻無車馬，猿鳥得相從。
日落沙際明，寒煙澹疏松。
蒼茫雲霞外，隱見青芙蓉。
悠然一舸還，好景時獨逢。
歸來山月出，古剎鳴昏鐘。

詩寫隱居情趣。「江上何所有？高低千萬峰。」諸景映帶，天開圖畫，已足賞心悅目。而作者最覺風雅之處，則在「悠然一舸還，好景時獨逢」，所以不惜筆墨，鋪敘船中人所見之景。而寫山寫水，其意實在寫看山水之人。惟其如此，故景語皆爲情語，詩人安適恬靜的心境即寓於寫景之中。

但劉基眞的如此安適恬靜嗎？這位「閉藏當有待」的臥龍式人物，也許正期待著「眞命天子」的出現？

又如《雜詩四十一首》之十三：

雷藏蟄蟲伏，雷動蟄蟲起。
早雷不相期，冥契非人使。
英雄應有時，何異羶致蟻。
神劍無風胡，銅花蝕泥滓。

詩所強調的是：如果不能風雲際會，即使才具卓特，也無從施展。那麼，隱居以待時就會最終落空。對這種結局的恐懼，才處於劉基心靈的關鍵位置。

劉基不再是元王朝的諍臣。

靜夜思

靜夜思，一思腸百轉。
啼螿當戶聽不聞，明月在庭看不見。
方將入海斬猛蛟，復欲度岭邀飛猱。
胸中倏忽亂憂喜，得喪紛紛竟何是？
靜夜思，思無窮。
天雞一聲海日紅，滿頭白髮吹秋風。

這首《靜夜思》，表達了劉基面臨人生抉擇時的痛苦。他愁腸百轉，思緒無窮，一會兒想著入海斬蛟，一會兒又想著度岭迎猱，得失紛紛，憂喜交加，以至於啼螿當戶，他聽而不聞，明月在庭，他看而不見。「白髮三千丈，緣愁似箇長。」一夜之間，便滿頭白髮吹秋風了。

那麼，劉基究竟在思慮些什麼呢？我們不妨看看他的另外一首與《靜夜思》同時的詩，《華山畿》：

華山畿，勞勞渚。
割棄父母恩，相隨黃泉去。
男婚女嫁當及時，摽梅不見周南詩？
王風蕩蕩散荆棘，帷薄日夕生狂痴，
當歌悵然有所思。
華山畿，何足悲！

「華山畿」，原爲樂府歌曲名。《吳聲歌》之一。據《樂府詩集》引《古今樂錄》：南朝宋時有一士人，從華山畿往雲陽，因戀一客舍中少女，無緣接近，憂鬱而死。後柩車經女家門前，女感其至誠，奔出對棺而歌，棺木應聲而開，女遂縱身入內而死，乃將兩人合葬，名「神女冢」。所謂「割棄父母恩，相隨黃泉去」，即詠其事。

《摽有梅》乃《詩經·召南》篇名。「摽有梅，其實七兮，求我庶士，迨其吉兮。」摽梅，謂梅子成熟後落下來，比喻女子已到結婚的年齡。劉基《華山畿》詩的意思是：這位客舍中少女，已屆出嫁的年紀，但父母卻不爲之及時安排，以致鬱而横決，做出違禮之事，責任難道只在少女嗎？父母能說沒有過錯嗎？言外之意，也許是：假如我劉基加入了逐鹿天下的隊伍，那也應該歸咎於元代朝廷，因爲我正値盛年，卻懷才不遇，得不到重用。

非但君擇臣，臣亦擇君

將朱元璋塑造為「真命天子」，這是劉基等人的一項戰略任務。

劉基卻聘

元至正十九年（一三五九年），劉基隱居家鄉青田。這年，孫炎「克處州，授總制」，朱元璋命他禮聘劉基、宋濂、葉琛、章溢等出山，劉基委婉地拒絕了。孫炎遣使再往，劉基送他一柄家傳寶劍，孫炎作詩，「以爲劍當獻天子斬不順從者，人臣不敢私」，將劍封還劉基。孫炎《寶劍歌》是這樣寫的：

寶劍光耿耿，佩之可以當一龍，
直是陰山太古雪，為誰結此青芙蓉？
明珠為寶錦為帶，三尺枯蛟出冰海。
自從虎革裹干戈，飛入芒碭育光彩。
青田劉郎漢諸孫，傳家惟有此物存。
匣中千年睡不醒，白帝血染桃花痕。
山童神全眼如日，時見蜿蜒走虛室。

我逢龍精不敢彈，正氣直貫青天寒。
還君持之獻明主，若歲大旱為霖雨。

孫炎這首詩，隱然將朱元璋視爲眞命天子，希望劉基能成爲輔佐「明主」的功臣。除了此詩，孫炎還寫了一封「數千言」的信，據說劉基讀了孫炎的信，終於同意出山。我們推想，信中一定對朱元璋的形象作了能引起人崇拜之情的描繪，否則就不可能打動劉基。

以上事實，見《明史·孫炎傳》。《孫炎傳》還有一句結論性的評述：「公（指劉基）之初意，非欲輔明祖（指朱元璋）也決矣！」也就是說，劉基在第一次受到朱元璋禮聘時，並未將朱看成眞命天子。

但令人忍俊不禁的是，明朝開國，朱元璋的《誠意伯誥》卻有這樣一句話：「朕提師江左，兵至括、蒼，爾基挺身來謁於金陵。」似乎劉基早知「天命所在」，早已認可朱元璋爲「眞主」。黃伯生《誠意伯劉公行狀》也有一段與《誠意伯誥》相呼應的記述：「後爲江浙儒學副提舉，爲行省考試官。頃之，建言監察御史失職事，爲台審所沮，遂移文決去。嘗遊西湖，有異雲起西北，光映湖水中。時魯道原、宇文公諒諸同遊者，皆以爲慶雲，將分韻賦詩。公獨縱飲不顧，乃大言曰：『此天子氣也，應在金陵。十年後有王者起其下，我當輔之。』時杭城猶全盛，諸老大駭，以爲狂，且曰：『欲累我族乎！』悉去之。公獨呼門人沈與京，置酒亭上，放歌極醉而罷。時無能知者，惟西蜀趙天澤知公才器，以爲諸葛孔明之流。」《行狀》說的「嘗遊西湖」，時在至正九年（一三四九年）到至正十一年（一三五一年）劉基閑居杭州期間，與朱元璋之聘劉基，恰好相距十年左右。

但「天子氣」之說顯然是朱元璋集團爲了神化這位皇帝而編造出來的。清初朱彝尊《靜志居詩話》有云：「劉誠意在元時，有和王文明絕句：『夜涼月白西湖水，坐看三台上將星。』好事者遂附會之，謂公望西湖雲氣，謂坐客云：『後十年有帝王者起，吾當輔之。』此妄也。當公羈管紹興時，感憤至欲自殺，門人錫里實抱持之得不死。明祖既定婺州，猶佐舒穆魯伊遜（石抹宜孫）拒守，是豈預自負身爲佐命者耶？」朱彝尊的分析是能說服人的。劉基之被神化，是因爲這有助於塑造朱元璋的「奉天承運」的開國君主的形象。

正統與異端

劉基爲什麼拒絕朱元璋的召聘呢?原因在於，朱元璋曾是一位「叛亂」領袖——他是從紅巾軍的一個小軍事頭目，發展成爲以長江中下游爲根據地的北方紅巾軍中無人敢與爭鋒的實力人物。

劉基對紅巾軍的不滿，包含兩個層次:宗教的層次與政治的層次。

先說宗教層次上的不滿。

紅巾軍與白蓮教(也叫「白蓮社」)有極其密切的聯繫。白蓮教作爲秘密宗教組織，混合了佛教、明教、彌勒教等內容。彌勒末劫思想自十四世紀以來就是整個白蓮教信仰體系中的主要組成部分，其核心觀念即所謂:「佛涅槃後，世界立入苦境，一切惡趣，次第顯現。至彌勒現世後，則立成極樂世界，廣博嚴淨，豐樂安穩。」元泰年二年(一三二五年)，息州(今河南息縣)趙丑廝、郭菩薩倡言「彌勒佛當有天下」十二年後，即至元三年(一三三七年)，信陽人棒胡又以彌勒佛相號召，「破歸德府鹿邑，焚陳州」。至元四年（一三三八年），江西袁州僧彭瑩玉（一稱彭和尚）「勸人念彌勒佛號，遇夜燃火炬名香，念偈禮拜。愚民信之，其徒甚衆。」「事覺，元江西行省發兵捕誅子旺等。瑩玉走至淮西匿民家，捕不獲。既而麻城人鄒普勝復以其術鼓妖言，謂彌勒佛下生，當爲世主，遂起兵爲亂。以（徐）壽輝相貌異衆，乃推以爲主，舉紅巾爲號。」

與彭瑩玉同時活動於河南、河北一帶的是白蓮教首領韓山童。韓山童（？—一三五一年）原爲欒城（今屬河北）人。其祖父因傳授白蓮教，被謫徙永年（今屬河北）白鹿莊。他繼續宣傳教義，倡言：「天下當大亂，彌勒佛下生，明王出世。」又宣稱他是宋徽宗八世孫，當爲中原之主。至正十一年（一三五一年）與劉福通等聚衆於白鹿莊，「殺白牛黑馬，誓告天地，約起兵，兵用紅巾爲誌。」不久韓山童「敗死」，其子韓林兒被劉福通等擁立爲小明王。至正十二年（一三五二年）二月，郭子興在濠州起兵，響應紅巾軍，朱元璋於本年閏三月加入郭子興的隊伍。

白蓮教屬於民間宗教。作爲傳統儒生的劉基是如何看待它的？

曾經有一種意見，堅決主張白蓮教屬於政治上的造反者，宗教不過是其必要的掩護。這種意見無疑是偏頗的。因爲，在白蓮教的經典中，彌勒佛是佛陀本人認可的救世主，而不是一位被理想化的革命者。他的宗教角色是固定的，一直得到教派的信奉。在白蓮教的宗旨中，救災避劫的因素更多於政治因素，許多成員之所以被吸引，就因爲白蓮教許諾：劫難之後將是無限美好的生活。且看下面的描繪：

（入般涅槃，釋迦牟尼正法遂滅），次後彌勒如來應正等覺出現世間時，瞻部洲（Jambudirpa）廣博嚴淨，無諸荆棘，溪谷堆阜，平正潤澤，金沙覆地，處處皆有清池茂林，名華瑞草，及衆寶聚，更相輝映，甚可愛樂。人皆慈心，修行十善，以修善故，壽命長遠，豐樂安穩。士女殷稠，城邑鄰次，雞飛相及。所營農稼，一營七獲，自然成實，不須耘耨。（《大阿羅漢難提密多羅所說法注記》）

引文中的瞻部洲，即中國。白蓮教關於災劫已滿，天數已盡，又立乾坤世界，其中人無老少、無生死的設想及其新的時間觀念，吸引了爲數衆多的希望得到救度的百姓。魅力之大，非尋常意計所及。

劉基對民間宗教的反感，首先是基於一個儒生的正統觀念。儒家一向主張與異端劃清界線。孔子說：「攻乎異端，斯害也已。」孟子在攻擊楊朱和墨子時，進一步強調了這種區別，他指出：「楊墨之道不息，孔子之道不著，是邪說誣民，充塞仁義也。」「我亦欲正人心，息邪說，……以承三聖者。」《禮記》甚至明確提出了誅殺異端的主張：「作淫聲、異服、奇技、奇器以疑衆，殺。行僞而堅、言僞而辯、學非而博、順非而澤以疑衆，殺。」自漢武帝實行「罷黜百家，獨尊儒術」以後，儒家成爲正統的官方學說，「攻乎異端」更成爲所有儒生的使命。

如人們所一再指出的，儒生是一種特定的世界觀的闡述者。在秦漢以來的漫長的歷史時期中，儒家總是以傳統文明的合法繼承者自居。對一位儒生來說，他的責任就是學習和傳播儒家的正統思想。從這個角度看，對異端的懲處，事關國家和百姓的利益，不容絲毫的猶豫和寬厚。一八一二年修訂的清律中有這樣一條禁令：「敍次簡明告示，通行曉諭，使鄉曲小民，群知三綱五常之外，別無所謂教；天理王法之外，他無可求福。」這代表了歷代儒生的意見。

《郁離子·九難》中有一段耐人尋味的對話。某公子勸郁離子（即劉基）說：「西方之域有眞人焉，廣大神通，浩浩無涯。其力可以斡造化，回天地；其功可以拯墊溺，拔罪苦。起死扶生，剖頑燭冥，窈窈愔愔，蕩掃六淫，寂寂默默，滌除百惑。如翦草萊，不遺一荄，如龍用壯，莫我能當。不震不搖，障翳自消；不悚不難，百怪自散。如鏡去塵，其光粲新；如蓮出水，淨無泥滓。以能不滅不生，長存至精；不形不體，無往不在；放之無外，收之無內；幽靜恬漠，永享至樂。吾願與先生求之。」公子的話是頗有鼓動性的，但劉基的回答卻是如此的簡潔而又斬釘截鐵：

孔子曰：「攻乎異端，斯害也已。」僕不願也。

一個儒生，是不會與異端妥協的。劉基之於白蓮教，正是如此！他不能容忍一個與儒學並行的精神權威的存在。

《郁離子》中還有〈蛇蝎〉一篇：

楚人有見蛇蝎而必殺之者，又有曲為之容，而惟恐人之傷之者。或曰：「斯二者孰是？」郁離子曰：「其亦殺之者是，而容之者非耳。」或曰：「人有害於人，傷成而受罪，律也。今蛇與蝎未嘗傷人，而輒殺之，不已甚乎？」郁離子曰：「是非若所及也。夫人與物之輕重，較然殊矣。蟲蛇之無知，而欲以待人者待之，不亦惑乎？昔者周公命庭氏射妖鳥以救日之弓，救月之矢；又命哲蔟氏掌覆妖鳥之巢，著為典訓。故孫叔敖見兩頭之蛇殺而埋之，其母以為陰德，君子不非焉。況毒人之蟲，中之者不死則瘐，而曰必待其傷成而後可殺，是以人命同於蟲蛇，其失輕重之倫，不亦甚哉？近世之為異端者，以殺物為有罪報，而大小善惡無所別，故見惡物而曲為之容，私於其身為之，而不顧其為人之害，其操心之不仁可見。吾故曰是非若所及也。」

〈蛇蝎〉所說的「異端」，當然可與佛教對上號，但劉基意中，也許首先是指白蓮教，因為白蓮教的特徵之一即是「吃菜」（吃素），「不飲酒食肉」。

在政治的層次上，劉基對紅巾軍的不滿在於：這是一個傳統意義上的「叛亂」集團。

「大一統」與「叛亂」

近代以來，思想界屢屢抨擊儒學「為最便於專制之教」，如蘇淵雷《孔學判攝》所說：「封建社會重階級名份，君權國家重一尊威權：老子主無名無為，不利於干涉；墨家創兼愛，重平等，尚賢任能，尤不便於專制。惟獨孔學，嚴等差，貴秩序，與人民言服從，與君主言仁政，以宗法為維繫社會之手段，而達鞏固君權之目的，此對當時現實社會，最為合用，帝王馭民之策，殆莫善於此，狡猾者遂竊取而利用之，以宰制天下。」這些話需要稍作修正，因為，中國古代思想史上，極力倡導絕對君權的，是法家而不是儒家。

但儒家的大一統觀念卻無疑是有利於君王的。所謂「國不堪貳」，所謂「皇天眷命，奄有四海，為天下君」，所謂「普天之下，莫非王土，率土之濱，莫非王臣」，所謂「春秋大一統者，天地之常經，古今之通誼」，所謂「天無二日，民無二王」，都歸結爲一點：覬覦皇帝的寶座，或者割據一方，便是亂臣，便是賊子，便是篡竊，便是強奪。

紅巾軍起事卻觸犯了這個基本的原則。「叛亂」二字，一向爲劉基所深惡痛絕。據黃伯生《誠意伯劉公行狀》記載，劉基隱居青田著《郁離子》期間，曾有人勸劉基割據一方，其言曰：「今天下擾擾，以公才略，據括蒼，並金華，明、越可折簡而定，方氏將浮海避公矣。因畫江守之，此勾踐業也。捨此不爲，欲悠悠安之乎？」劉基笑著回答道：「吾平生忿方國珍、張士誠輩所爲，今用子計，與彼何殊耶？」在劉基看來，任何獨樹一幟，不對「天命」的唯一代表者表示服從的勢力，都是大逆不道的。那麼，「天命」的代表者是誰呢？元朝的帝王已被上天拋棄，爲「天命」所眷顧的眞主尚待發現。

他終於選擇了朱元璋。也就是說，他最終確認朱元璋將是混一宇內、救百姓於水火之中的「眞命天子」。所以，初見朱元璋，劉基便指出：「明公因天下之亂，崛起草昧間，尺土一民，無所憑借，名號甚光明，行事甚順應，此王師也。」在朱元璋與紅巾軍之間畫了一條界線。

必須重申劉基的一個想法。他以為，在亂世起兵的領袖，如果不以「天命所在」自居，就只能成為叛亂者，因為天無二日，不允許兩個並行的權力存在。照此辦理，劉基既然選擇了朱元璋，就不能聽任朱元璋還去尊奉紅巾軍的領袖韓林兒——小明王。豈有「眞命天子」臣屬於一個「叛亂」領袖的道理？

所以，下面的一系列事件就很好理解了。

劉辰《國初事跡》載：

> 張士誠圍安豐，劉福通請兵救援，太祖親援。初發時，太史劉基諫曰：「不宜輕出。假使救出來，當發付何處？」太祖不聽。

「張士誠圍安豐」，事在至元二十三年（一三六三年）。張士誠派部將呂珍攻打駐在亳州（今安徽亳縣）的小明王，朱元璋發兵救援，擊退呂珍，迎韓林兒至滁州。劉基自始便反對此舉。他這樣做，既是不承認韓林兒的領袖地位，同時也是為了促使朱元璋斬斷與紅巾軍的血緣關係。但朱元璋卻執意去救，而且對韓林兒尊奉有加。錢謙益《國初群雄事略》卷一《宋小明王》記述：「安豐被張氏圍困，城中人相食。有屍埋於地而腐者，亦掘而食之。……上親率大兵援之，大敗張氏。軍士每名各賚白米二斗，積於東門外，以救城中飢者。邀請小明王及母、妹並臣劉太保，悉領五奕官軍，棄城，悉詣廬州營中。上設鑾駕傘扇，迎駐滁州，創造宮殿居之，易其左右宦侍，奉之甚厚。」作爲對比，我們來看看劉基的態度。《明史·劉基傳》：「初，太祖以韓林兒稱宋後，遙奉之。歲首，中書省設御座行禮，基獨不拜，曰：『牧豎耳，奉之何爲！』因見太祖，陳天命所在。」

「陳天命所在」是問題的關鍵。中國儒家所強調的「天」，具有強烈的政治功利色彩。所謂「天生民而樹之君，以利之也」，所謂「天佑下民，作之君，作之師，惟其克相上帝，寵綏四方」，所謂「天子爲民父母，以爲天下王」，都指向「王者配天」的結論。這種天人相通的說法，旨在鼓勵朱元璋以未來的開國帝王自命，以加強其政治號召力，倘若不撇開小明王，朱元璋便失去了代上天行道的神聖性，失去了「誕受天命」的前提，豈不是太不明智了嗎？

勸朱元璋與紅巾軍劃清界線，這是一個儒生的態度，同時也顯示出謀略家的遠見卓識。清王士禛《池北偶談》論及明朝兩浙人物，以劉基為謀臣之首，宋濂為文臣之首，方孝孺為忠臣之首，于謙為功臣之首，大體上是允當的。

清朝隆年間的錢德蒼編有《解人頤》一書。其中一則記朱元璋與劉基對弈，朱元璋說：「天作棋盤星作子，日月爭光」，劉基對道：「雷為戰鼓電為旗，風雲際會。」齊東野語，倒也傳達出了那種天命照耀下君臣遇合的神韻。

佐命功臣

《明詩別裁集》評劉基《題太公釣渭圖》詩云：「通首格高，隱然有王佐氣象。」朱元璋曾稱劉基為「吾子房」，今人王馨一則多次以歷史上的諸葛亮比劉基。作為謀略家，劉基在中國文化的長廊中有著顯赫的地位。

王佐氣象

璇室群酣夜，璜溪獨釣時。
浮雲看富貴，流水澹鬚眉。
偶應非熊兆，尊為帝者師。
軒裳如固有，千載起人思。

劉基的這首《題太公釣渭圖》詩，《明詩別裁集》有兩句評語：「通首格高，隱然有王佐氣象。」詩中的「偶應非熊兆」，用姜太公呂尚之典。據《史記·齊太公世家》：「西伯（周文王）將出獵，卜之曰：『所獲非熊非螭，非虎非羆；所獲霸王之輔。』於是周西伯獵，果遇太公於渭之陽。」按，「非虎」，《宋書·符瑞誌》作「非熊」，是說周文王將遇呂尚。《武王伐紂平話》鋪敍姜太公呂尚那種「軒裳如固有」的氣象，頗爲傳神：

卻說姜尚在磻溪岸上，手持釣鉤，自嘆曰：「吾今老矣，年已八十，未佐明君。非釣魚，只釣賢君。」自嘆詠一首。詩曰：

吾今未遇被妻休，渭水河邊執釣鉤；
只釣明君興社稷，終須時至作王侯。

姜尚嘆息罷，忽見正北一道氣色甚好，姜尚道：「更待三日，必有王侯至此。」

果然，三天後，周文王率領人馬求賢至此。「求賢遠遠到溪頭，不見賢人見釣鉤；若得一言明指教，良謀同共立西周。」姜尚從此踏上了周文王的佐命功臣之路。千載以下，劉基仍如此思慕姜太公的際遇，表明他也渴望遇見「眞命天子」，風雲際會，一展鴻圖。劉基後來的人生經歷將渴望變成了現實，「王佐氣象」遂由「隱然」而臻於顯然。

劉基的《題秋江獨釣圖》，與《題太公釣渭圖》有相通之處：

秋風江上垂綸客，知是嚴陵是太公？

細水浮嵐天與碧，斜陽炙面臉生紅。

形容想像丹青在，歲月荒涼草澤空。

日暮忽然聞欸乃，蓼花楓葉忘西東。

「知是嚴陵是太公？」問的意味深長。嚴子陵和姜太公是兩種不同類型的隱士。姜太公屬於「隱居以求其志」，目的是等待風雲際會。嚴子陵則是「迴避以全其道」，目的是保持人格的純粹與高尚。據皇甫謐《高士傳》記載：嚴光，字子陵，浙江餘姚人。年輕時即負盛名。他有一位同學劉秀，字文叔，後來成爲東漢王朝的締造者，即漢光武帝。自從劉秀做了皇帝，嚴子陵便改名換姓，隱居不出。光武帝思慕他的賢德，四處訪求，後來齊國上書，說：「有一男子，披羊裘，釣澤中。」光武帝料想是嚴子陵，於是派使者帶著禮物去聘請他，往返三次，嚴子陵才終於來到京城。光武帝任命嚴子陵爲諫議大夫，嚴子陵堅決不仕，不久即歸隱於富春山。後人將他釣魚的地方名爲嚴陵瀨，又名嚴子陵釣台。至今仍是浙江桐廬境內的名勝。

「知是嚴陵是太公？」這近乎明知故問。不管從那個角度看，劉基都深知自己不可能成爲嚴子陵。言外之意，他其實是以太公自期。

劉基還有一首《夜泊洞江驛》詩：

伯夷清節太公功，出處非邪豈必同？
不是雲台興帝業，桐江無用一絲風。

這首詩的前二句將伯夷的隱德與姜太公的功業並提，似乎並未將二者強分高下。但後二句的意味則有所不同。「雲台」是漢代台名。《後漢書·馬武傳論》：「永平中，顯宗追感前世功臣，乃圖畫二十八將於南宮雲台。」劉基言下之意是：倘若沒有東漢開國諸臣的功業，嚴子陵的隱德也就失去了價値，他是更嚮往成爲王佐的。

劉基與張良

作為朱元璋的智囊，劉基所受的禮遇甚高。《明史·劉基傳》記載說：朱元璋每次召見劉基，總要單獨和他密談許久，劉基亦自謂不世之遇，「知無不言」，「遇急難，計畫立定，人莫能測。暇則敷陳王道。」對劉基的議論，朱元璋總是恭恭敬敬地傾聽，常稱之為「老先生」而不叫姓名，又稱讚他道：「吾子房也。」劉邦的佐命功臣張良，字子房，是中國歷史上出類拔萃的謀士。

朱元璋以劉基比張良，大體說來是不錯的，但二人也有若干不容混淆的區別。

最容易觀察到的區別是其外貌。張良的外貌曾令《史記》作者司馬遷發出驚異之嘆。在司馬遷的想像中，運籌帷幄之中、決勝千里之外的張良，應該「魁梧奇偉」才是，等看到他的畫像，才知道其外貌嬌柔有如美女。比較起來，劉基的外貌與內在才情是頗為一致的：這位傑出的謀略家，不但身材「修偉」，且生得看似威風凜凜的「虬髯」——也許可與唐太宗的虬髯相提並論。

劉基與張良之間，更值得提出的區別還在其他方面。

其一，他們與前朝的關係不同。

張良對秦懷有不共戴天的仇恨。他的祖與父相繼爲韓昭侯、宣惠王等五世之相，這位韓國的貴公子，其家族的命運與韓的興衰息息相關。公元前二三〇年，（秦始皇十七年），秦滅韓。爲了恢復韓國，他結交刺客，其中有一位力士，可使用重百二十斤的鐵椎。始皇二十九年（公元前二一八年），秦始皇東遊，張良與力士在博浪沙狙擊這位暴君，結果誤中其扈從車輛。秦始皇大怒，向全國發布通輯令，「求賊甚急」。張良只好改名換姓，藏匿於下邳。

這樣一位張良，他跟隨劉邦反秦，可以說是順理成章。

至於劉基，則曾是元朝的臣子，而且是進士出身。他早年爲自己確定的人生道路，是在擁戴元朝的前提下建功立業。後來，他雖然參加了朱元璋的隊伍，但卻盡量淡化其反元色彩。他試圖這樣解釋朱元璋的作爲：朱元璋不是從元朝皇帝手中奪取天下，因爲，元朝的天下早已被紅巾軍等造反者及其他割據者所瓜分，朱元璋只是使大亂的天下歸於大治。

其二，他們成長爲謀略家的經歷差異甚大。

張良企圖謀殺秦始皇，那時他是一個充滿「少年剛銳之氣」的豪俠。一個豪俠，終於成爲帝王師，其間經歷了許多磨煉。《史記·留侯世家》所記黃石公的故事，以濃郁的傳奇色彩展示了張良性格的變化。據司馬遷記載，張良藏匿下邳時，一天，在沂水橋上遇見了一位老人，即神秘的黃石公。黃石公走到張良所立的地方，故意把自己的鞋子墮在橋下，對張良說：「小孩子，拿上來！」張良大爲驚愕，想揍他，因其年老，勉強忍耐住了。張良將鞋子拿了上來，黃石公又說：「給我把鞋穿上。」張良又耐著性子替他穿鞋。黃石公伸著腳讓張良給他穿好鞋，然後笑著走了。張良大感驚奇，情不自禁目送老人遠去。老人走了一里多路，又走了回來，說：「孺子可教矣！五天後的平明，與我在此相會！」張良感到詫異，但還是答應了。五天後，張良如期前往。老人已經來了，發怒道：「與老人約會，反而來遲，什麼原因？」臨走，說：「五天後淸早相會！」五天後，張良雞叫時便去了。老人再次先到，發怒說：「來遲了，什麼原因？」臨走，說：「五天後再早些來！」五天後，沒到半夜，張良便去了，過了一會，老人也來了，高興地說：「應該這樣。」於是掏出一部《太公兵法》交給張良，說：「讀此，則爲王者師矣！」

這位神秘的黃石公，究竟是何許人？蘇軾以爲即秦代的隱士。他之於張良，主要目的不是送一部兵書，而是要挫其剛銳之氣，使之成爲大度能忍的謀略型人物。蘇軾的看法頗有說服力，其言曰：「古之所謂豪傑之士者，必有過人之節，人情有所不能忍者。匹夫見辱，拔劍而起，挺身而鬥，此不足爲勇也。天下有大勇者，卒然臨之而不驚，無故加之而不怒，此其所挾持者甚大，而其志甚遠也。」「子房以蓋世之才，不爲伊尹、太公之謀，而特出於荊軻、聶政之計，以僥幸於不死，此圯上老人所爲深惜者也。是故倨傲鮮腆而深折之。彼其能有所忍也，然後可以就大事，故曰孺子可教也。」「夫老人者，以爲子房才有餘，而憂其度量之不足，故深折其少年剛銳之氣，使之忍小忿而就大謀。何則？生有平生之素，卒然相遇於草野之間，而命以僕妾之役，油然而不怪者，固秦皇之所不能驚，而項籍之所不能怒也。」「觀夫高祖之所以勝，而項籍之所以敗者，在能忍與不能忍之間矣。項籍唯不能忍，是以百戰百勝，而輕用其鋒。高祖忍之，養其

全鋒，而待其弊，此子房教之也。」（《留侯論》）

從動輒拔劍而起的豪俠到「無故加之而不怒」的謀士，張良得益於黃石公的教誨。「其事甚怪」，連司馬遷作傳時也聯想到「鬼物」。張良是一個被雲煙籠罩著的神秘人物。

劉基的生平則頗為平淡。他早年嚮往成為聞雞起舞的劉琨、祖逖，但元王朝未能給他提供發揮才能的機遇。隱居青田的三年，著「《郁離子》以見志」，是他成為佐命功臣的關鍵一環。但隱士生活，躬耕，思索，寫作，也都是尋常科目，不足為異。

如果一定要發掘不同尋常之處，傳說當中倒有許多材料，但那是不足為憑的。

躡足與蹴椅

蘇軾《留侯論》提到「淮陰破齊，而欲自王，高祖發怒，見於詞色。由此觀之，猶有剛強不忍之氣，非子房其誰全之？」極為讚賞張良之「忍」；其實論

「忍」的造詣，劉基亦絕不遜色。

公元前二〇三年，韓信奪得齊地，派人見劉邦，請封自己做假齊王，理由是：「齊僞詐多病，反覆之國也；南邊楚。請爲假王以鎮之。」劉邦看了信，大怒，罵道：我被項籍圍困，日夜望你來援救，原來想自立爲王。謀士張良、陳平知道這時不能得罪韓信，遂「躡漢王足」（踩劉邦的腳），劉邦覺悟，改口大罵道，大丈夫立功，做眞王就是了，做假的幹什麼。即時派張良去封韓信爲齊王，徵調韓信的軍隊擊楚。

與張良的躡足之舉相近，劉基曾踢朱元璋所坐的胡床（交椅），暗示朱元璋未可意氣用事。至正二十一年（一三六一年）十二月，陳友諒江西行省丞相胡廷瑞、平章祝宗，遣宣使鄭仁傑詣江州納降於朱元璋。仁傑轉達廷瑞的意願說，因將校久居部曲，人情相安，旣降之後，希望不要改屬他人。胡廷瑞這樣做的目的，是想保持一支相對獨立於朱元璋的部隊，故朱元璋面有難色。劉基見狀，「蹴（踢）所坐胡床」，朱元璋覺悟，當即爽快地答應了胡廷瑞的請求，並寫了一封措辭懇切的回信。信中說：「鄭仁傑至，言足下有效順之誠，此足下明達也；又恐分散所部屬他將，此足下過慮也。吾起兵十年，奇士英才，得之四方多矣，有能審天時，料事機，不待交兵，挺然委身來者，嘗推赤心以待，隨其才任使之，兵少則益之以兵，位卑則隆之以爵，財乏則厚之以賞，安肯散其部伍，使人自疑，負來歸之心哉？且以陳氏諸將觀之，如趙普勝驍勇善戰，以疑見戮，猜忌若此，竟何所成！近建康龍灣之役，予所獲長張、梁鉉諸人，用之如故，視吾諸將，恩均義一。長張破安慶水寨，梁鉉等攻江北，並膺厚賞。此數人者，自視無復生理，尙待之如此，況如足下以完城來歸者耶！得失之機，間不容發，足下當早爲計。」胡廷瑞得函即降。

張良躡足，劉基蹴椅，作爲謀略家，二人的作爲如此相似，被相提並論是理所當然的。談遷《國榷》所載陳于陛的評語說：「文成開創業之功不減子房，道、術亦相類。」堪稱中肯之論。

勿重己輕人

小不忍則亂大謀。劉基之「忍」，既有仿效張良之處，如蹴椅之舉；更有植根於老子哲學而超越張良之處，如不居功、不自傲。

人生活在世界上，最易招致怨恨的做法是重己輕人。劉基對此有精湛的闡述：

樹天下之怨者，惟其重己而輕人也。所重在此，所輕在彼，故常自處其利而遺人以不利，高其智以下人之能，而不顧夫重己輕人，人情之所同也。我欲然，彼亦欲然，求其欲弗得則爭。故爭之弗能，而甘心以讓人者，勢有所不至，力有所不足也，非夫人之本心也。勢至力足而有所不為，然後為盛德之人，雖不求重於人，而天下之人莫得而輕之，是謂不求而自至。今人有悻悻自任者，矜其能以驕，有不自己出，則不問是非皆以為未當，發言盈庭，則畏之者唯唯，外之者默默焉。然後揚揚乎自以為得，而不知以其身為怨海，亦奚益哉？昔者智伯之亡也，惟其以五賢陵人也。人知笑智伯而不知檢其身，使亡國敗家接踵相繼，亦獨何哉？

劉基所說，旨在以韜光養晦之道與世周旋，全身遠害。「有的人隱瞞聰明比隱瞞愚蠢更努力。」爲什麼呢?大智若愚;外在的精明往往是內在愚蠢的表徵。「好炫耀的人是明哲之士所輕視的,愚蠢之人所艷羡的,諂佞之徒所奉承的,同時他們也是自己所誇耀的言語的奴隸。」劉基明白這一點,所以常肯定他人智慧的優越,或將自己的功績算在他人頭上。

且看實例。

據黃伯生《誠意伯劉公行狀》,朱元璋時至劉基住所,「屏人語,移時乃去,雖至親密莫知其由。」劉基出謀獻策,亦多有成效。朱元璋《御史中丞誥》說:「慷慨見予,首陳遠略,經邦綱目,用兵先後,卿能言之,朕能審而用之,式克至於今日,凡所建明,悉有成效。」

《弘文館學士誥》也說:「節次隨征行,每於閑暇,數以孔子之言開導我心,故頗知古意。及將臨敵境,爾乃晝夜仰觀乾象,愼候風雲,使三軍避凶趨吉,數有貞利。」但所有這些計謀訓諭,劉基從不居功外傳,以至十九不爲人知。

以退爲進,以柔克剛,這類現象在人類社會中並不鮮見。但劉基告誡讀者勿重己輕人，則是另一種動機，目的是避免遭人怨恨。《菜根譚》說得好：

節義之人，濟以和衷，才不啟忿爭之路；功名之士，承以謙德，方不開嫉妒之門。

天賢一人，以誨眾人之愚，而世反逞其所長以形人之短；天富一人，以濟眾人之困，而世反挾其所有以陵人之貧。真天之戮民哉！

《老子》第二十四章說：

企者不立；跨者不行；自見者不明；自足者不彰；自伐者無功；自矜者不長。其在道也，曰余食贅行，物或惡之。故有道者不處。

抬起腳跟想要站得高高的，反而站不牢；兩步併作一步走的，反而快不了；專靠自己眼睛的，反而看不分明；自以為是的，反而判不清是非；自己誇耀的，就沒有功勞；自高自大的，就不能領導。以上這些，以「道」的原則來衡量，只好說是剩飯、贅瘤，誰也厭惡它。故有道者不以此自居。

這些話，值得我們深長思之。

劉基與諸葛亮

今人王馨一多次以三國時的諸葛亮（武鄉侯）比劉基（文成），其詩云：

韶齡豹隱萬山中，誰識其人命世雄。
嫉惡如仇遭衆忌，留身有待見孤忠。
草廬對策成知己，禮館陳言抒赤衷。
生死忘懷昭日月，鞠躬盡瘁仰高風。
鼎足三分直到明，武侯身後有文成。
出師上表千秋頌，化俗寓言萬古情。
臨陣指揮同震世，運籌帷幄各蜚聲。
人間信史揚先哲，天上雙星慶並行。

以諸葛亮比劉基，並非王馨一一家之言，《明史·劉基傳》已有下述記載：「西蜀趙天澤論江左人物，首稱基，以爲諸葛孔明儔也。」

劉基與諸葛亮的相似之處甚多，比如，他們都曾隱居過相當長的時間。諸葛亮的幼年，正值黃巾軍席捲全國的時期。在父母相繼去世後，他跟隨叔父從山東輾轉來到南方的荊州。公元一九七年，叔父去世，十七歲的諸葛亮便在隆中蓋了幾間草屋定居下來。隆中，在襄陽（今湖北襄樊市）城西約二十里處。因山勢連綿，樹木葱茂，中有一山「隆然衝起」，故名隆中。襄陽，在漢水、白河匯合處，南拊江漢，西屏川陝，既是南北水陸交通要道，也是當時荊州的政治中心和戰略要地。諸葛亮住在這裏，「躬耕隴畝」，研讀史籍，「每自比於管仲、樂毅，時人莫之許也。」諸葛亮的自我期許甚高。

劉基先後數次隱居，而以在青田隱居的時間最長。其《感懷》詩云：

昊天厭秦德，瑞氣生芒碭。

入關封府庫，約法唯三章。

英雄不世出，智勇安可當？

叔孫一豎儒，綿蕞興朝綱。
遂令漢禮樂，遠愧周與商。
逝者如飄風，盛時安得常？
寤寐增永嘆，感慨心內傷。

詩以「秦」喩元，表明劉基對元王朝已不抱多大信心。他想像著出現一位漢高祖似的「英雄」，他本人則不屑於做叔孫通似的「豎儒」。劉基的自我期許也是很高的。

劉基與諸葛亮的另一相似之處是：他們都是在多次受到聘請後才出山的。

劉備駐紮新野時，徐庶把諸葛亮推薦給他，劉備讓徐庶和諸葛亮一塊兒來。徐庶連忙說不行。他強調，諸葛亮這個人，可以求見，不可屈致，劉備應該登門拜訪。於是劉備去拜訪諸葛亮，一共去了三次，才得以見面。這一事實表明，諸葛亮非禮聘不出的原則已爲交游們所了然。爲什麼一定要劉備三顧茅廬才出山呢？這既是對劉備誠意的考驗，也表明他諸葛亮不是召之即來叱之即去的等閒人物，如此，才能贏得劉備的尊敬和重用。

劉基也是在兩次受到聘請後才答應效命於朱元璋的。這有兩方面的考慮：一、劉基並不認爲朱元璋是他理想中的「眞命天子」；二、作爲一個出類拔萃的人物，輕易出山是有失身分的。明末小說《英烈傳》描寫孫炎之聘劉基，僅僅一次，劉基便跟隨他赴金陵謁見朱元璋，如此筆墨，不免褻瀆了這位奇才。

劉基與諸葛亮的第三個相似之處是：他們出山之初，便提出了自己高瞻遠矚的戰略決策。

諸葛亮的戰略決策，即著名的《隆中對》。他指出，目前曹操已基本上統一了北方，擁兵北方，「挾天下以令諸侯」，雖是劉備統一全國的對手，但不能立即同他較量；孫權占據江東（長江中、下游地區），經過他父親孫堅、兄長孫策和孫權本人的治理，憑藉長江天險，推行法治，百姓歸附，並有一批「賢能」之士爲他出力，因此，對孫權只能採取聯合的方針。

諸葛亮還提出了奪取荊、益二州，作爲統一全國的根據地的建議。他對劉備說：荊州地勢險要，是個戰略要地，劉表父子是守不住的。「此殆天所以資將軍，將軍豈有意乎？」益州號稱天府之國，北有劍門之險，東有瞿塘之固，土地肥沃遼闊，物產豐富。而劉璋昏庸，不能安撫百姓，「智能之士」都盼望得到英明之主。劉備如能占據荊、益二州，對外聯孫抗曹，對內改革政治，一旦時機成熟，就兵分兩路，一路由荊州直搗宛、洛，一路由益州進發秦川，這樣，統一大業便可成功了。

後來的實踐證明，諸葛亮的戰略決策是切實可行、英明正確的。

劉基出山之初，即「陳時務十八策」，其具體內容已不太清楚。但有一個事實是確鑿無疑的：他爲朱元璋設計了首先消滅陳友諒的戰略。當時，對朱元璋威脅較大的主要是張士誠和陳友諒。張士誠定都平江（今江蘇蘇州），割據範圍南到浙江紹興，北到山東濟寧，西到安徽北部，東到海。至正二十三年（一三六三年），自稱吳王。陳友諒定都江州（今江西九江），自稱漢王，後又退都武昌，占有江西、湖北、福建諸地。早自一三五七年，朱元璋部將常遇春奪取陳友諒部占據的池州，朱、陳兩軍即不斷相互攻戰。一三六〇年春，朱元璋徵聘浙東儒士劉基、宋濂等至軍中參議軍事。劉基建策，消滅陳友諒，孤立張士誠，然後北上中原，以成王業。理由是：張士誠雖有實力，但不過自守之虜，而陳友諒卻甚有野心，「無日忘我」；如果先攻張士誠，則陳友諒必襲我後，如果先攻陳友諒，張士誠卻會按兵不動。所以，應該先消滅陳友諒。陳氏被滅，張士誠勢孤力單，一舉可定。「然後北向中原，王業可成也。」朱元璋高興地採納了這一戰略設想。談遷《國榷》所載袁帙的評語說：「孟軻有言，五百年必有王者興，其間必有名世者。信矣哉！如劉公者，其卓然名世者乎！方其不卑小官，以鴻漸之翼困於燕雀，其與五就桀者何異。及既佐眞主，謀謨帷幄，言行計從，歡若魚水，子房之於高祖，孔明之於先主，不足稱也。觀其先楚（漢）後吳，決成敗於一言，定大業於呼吸，大矣哉，王佐之才，其伊、呂之儔與？」

與陳友諒水軍的較量

在制定了消滅陳友諒、孤立張士誠的戰略決策後，主要的任務就是實施了。朱元璋與陳友諒之間發生過一系列大戰，劉基在朱元璋走向勝利的過程中起了舉足輕重的作用。

一三六○年六月，陳友諒的水軍攻陷太平。鎮守太平的明軍將領是以英勇著稱的花云。陳友諒最初三天的進攻毫無成效。後來，陳友諒叫他的士兵從高高的船尾去攀登城牆，結果輕而易舉地制服了兵力甚少的明方守軍。陳友諒大受鼓舞，因爲這種戰法適用於整個長江水域。他繼續向下游航行，六月中旬，他的艦隊在采石碼頭泊錨。陳友諒一邊派使節去見張士誠，約他從背後夾擊南京，一邊準備親率艦隊向南京進發。

攻陷太平後的陳友諒水軍，氣勢正盛。朱元璋部下的許多將領都心存畏懼，有人建議投降，有人建議放棄南京，堅守城東的鍾山。只有劉基，瞪著眼睛不說話。朱元璋把他請入內室，問他的意見，劉基激動地說：「主張投降和主張逃跑的，可以殺掉！」他指出：陳友諒已成驕兵，待其深入，設伏兵擊之，不難取勝。「天道後舉者勝，取威制敵以成王業，在此舉矣。」朱元璋根據劉基的建議，引誘陳友諒引兵東來，至龍灣。朱部伏兵夾擊，陳友諒敗走。明軍因此俘獲了一百艘大船和數百條小船，約占陳友諒艦隊的半數以上。朱元璋乘勝奪回太平。

陳友諒逃回九江。一三六一年八月下旬，陳友諒部將張定邊以突襲手段從明軍手中奪走了安慶。這一挫折使朱元璋相信，儘管明軍主力遠征使南京有受張士誠攻打的危險，但仍須全力進擊陳友諒軍。他打算親自率兵攻打安慶，劉基全力贊同。攻城戰從早至晚，持續了整整一天，仍成效不大。劉基建議明軍艦隊直趨九江，「擣友諒巢穴」，於是朱元璋率水軍西上。這一招果然有效，陳友諒倉皇失措，帶著家小逃往武昌。九江落入明軍之手。

一三六三年二月中旬，張士誠的部將呂珍突入安豐，殺死劉福通，並俘虜了韓林兒。明軍中有很多人崇敬韓林兒，故朱元璋打算親援安豐。劉基堅決表示反對。在他看來，陳友諒、張士誠都在窺視機會，明軍不應該分兵去安豐。朱元璋不聽。果然，當明軍主力（徐達和常遇春）在安豐作戰時，陳友諒未受干擾地包圍了江西重鎮洪都（南昌）。朱元璋誠懇地對劉基說：「不聽君言，幾失計。」

鄱陽湖決戰

一三六三年的鄱陽湖之戰是朱元璋與陳友諒之間的決戰。其驚心動魄的程度，許多年後，劉基敘說起來仍眉飛色舞。他的《贈杜安道》一詩以回憶的筆調描寫道：

憶昔天兵伐荊楚，舳艫蔽江齊萬櫓。
歡聲激烈似雷霆，猛氣忽然震貔虎。
拔柵皖城猶俯拾，探穴九江無險阻。
明年大戰康郎下，日月坱圠相吞吐。
馮夷踏浪群水飛，巨鰲掉首三山舞。
雲隨太乙擁鋒旗，鼉為豐隆撾靈鼓。
將軍金甲箭攢猬，戰士鐵衣汗流雨。
火龍熺焰絳天衢，燧象飏煙煎地府。
鯨鯢既翦欃槍落，草木熙陽魚出釜。

從劉基的詩看得出來，鄱陽湖決戰的核心戰場是康郎山。朱元璋的艦隊，八月二十四日開到湖口，二十八日進入湖內，二十九日晚，與陳友諒的艦隊相遇於康郎山，三十日清晨開戰。朱元璋將自己的水軍分成十一隊，「火器、弓弩以次而列，戒諸將近寇舟先發火器，次弓弩，及其舟則短兵擊之。「明軍的兩翼向前推進並發動攻擊，但中央部分卻被「屹立如山岳」的漢軍艦船逼退，朱元璋的旗艦數次受到攻擊。九月一日，朱元璋採用縱火的戰術。「以七舟載荻葦，置火藥其中，束草為人，飾以甲冑，各持兵戟若斗敵者，令敢死士操之，備走舸於後，將迫敵舟，乘風縱火，風急火烈，須臾抵敵舟，其水寨舟數百艘悉被燔，煙焰漲天，湖水盡赤，死者大半。友諒弟友仁、友貴及其平章陳普略等皆焚死。」這正是「火龍」二句所寫的情景。九月二日，戰事又起。明軍在取得了一系列非決定性的勝利後，改用將漢軍艦隊困在湖內的戰略。陳友諒等了一個月，才發動旨在突圍的攻擊行動。激戰中，陳友諒被流矢射殺，漢軍軍心浮動，明軍乘勢進擊，大獲全勝。

據劉辰《國初事跡》記載，劉基在鄱陽湖決戰中曾有望氣之舉。「友諒聞援兵至，解南昌圍，退出康郎山，與太祖大戰。太祖頗懼，問劉基：『氣色如何？』基曰：『我軍必勝之氣，當力戰。』友諒果中流矢死，兵船盡降。」《贈杜安道》未寫到此事，也許是因爲劉基不願居功，也許是因爲此乃「畸略小謀」，不值得提起，也許是受到詩的容量的限制，只能存疑以俟明哲了。

鄱陽湖決戰，陳友諒被徹底打敗，餘部挾陳友諒子陳理逃回武昌。「其後太祖去士誠，遂成帝業，略如基謀。」

鬥智不鬥力

作爲朱元璋的謀士，劉基也與諸葛亮一樣，在政治、軍事的角逐中提倡鬥智不鬥力。他打過一個比方：

虎的力量，相對於人，決不止超過一倍。而且，老虎還有人所不具的尖利的爪牙。如此說來，老虎吃人就沒有什麼可奇怪的。但事實卻是：老虎吃人，並不多見，倒是虎皮常被人用來製成各種用品。原因何在呢？在於：「虎用力，人用智，虎自用其爪牙，而人用物。故力之用一，而智之用百。爪牙之用各一，而物之用百，以一敵百，雖猛不必勝。故人之爲虎食者，有智與物而不能用者也。是故天下之用力而不用智，與自用而不用人者，皆虎之類也，其爲人獲而寢處其皮也，何足怪哉？」

在虎與人的較量中，人勝而虎敗，體現了智對力的優越性。「鬥智不鬥力」，這句民間俗語所包含的社會政治經驗是異常豐富的。

舉個例來說。

「吳下阿蒙」（即呂蒙）在《三國演義》的後半部分要算比較顯眼的人物了。魯肅去世，呂蒙繼任他的職務。呂蒙的守地與關羽的守地疆界相連。論實力，呂蒙決不是關羽的對手，但最終的結果卻是關羽敗走麥城。呂蒙之勝，勝在用謀。他表面上與關羽非常友好，一次又一次地饋贈禮物，借以麻痺關羽，好尋找攻擊的機會。關羽亦非等閑之輩，對呂蒙依然嚴加戒備，「沿江上下，或二十里，或三十里，高阜處各有烽火台。」「荊州軍馬整肅，預有準備。」在這種情況下，呂蒙又生一計，詐稱有病，孫權召呂蒙回建業養病，而將把守陸口的重任交給尚「未有遠名」的陸遜。關羽得到這一消息，果然中計，「撤荊州大半兵赴樊城聽調。」呂蒙抓住機會，「點兵三萬，快船八十餘隻，選會水者扮作商人」，「晝夜攢行，直抵北岸」，一舉襲取了荊州。得手之後，又立即下令：

「如有妄殺一人，妄取民間一物者，定按軍法。」「原任官吏，並依舊職。將關羽家屬另養別宅，不許吳兵攪擾，按月給予糧米；有患病者，遣醫治療。」呂蒙如此「仁厚」，意在瓦解關羽麾下將士的鬥志，其目的也眞的達到了：後來關羽與呂蒙交戰，其手下將士「多有逃回荆州者」。

以關羽這樣的名將，竟敗於呂蒙之手，足見謀略的重要性。

在朱元璋的政治顧問中，劉基以長於謀略著稱。據谷應泰《明史紀事本末》記載，至正二十年（一三六〇年），也就是劉基應朱元璋之聘出山的那一年，「太祖一日從容問陶安曰：『劉基四人之才如何？』安曰：『臣謀略不及劉基，學問不及宋濂，治民之才不及章溢、葉琛。』太祖深然之。未幾，以濂爲江西等處儒學提舉司提舉，遣世子受經；以溢、琛爲營田司僉事；基留帷幄，預機密謀議。」劉基、宋濂、章溢、葉琛是同時受聘的「四先生」，而唯有劉基參與機密謀議，足見朱元璋對他的器重。

就謀略而言，劉基當然首先是一位戰略家，但在戰術上他也常有令人耳目一新的舉措。比如至正二十三年（一三六三年）的一次戰役。至正二十一年，劉基回鄉葬母。至正二十三年春，應朱元璋之聘回應天，途經建德，適逢張士誠以大軍進迫朱元璋守將李文忠。李文忠想從正面迎擊張軍，以實力較量上下。這樣做顯然不夠明智，因爲即使獲勝，也會造成很大傷亡。劉基勸他不要急於出擊，固守數日，張軍自會退走，屆時從後追襲，便可穩獲全勝。李文忠聽從了劉基的建議。到第三天黎明，劉基登城遠望，說道：「賊已撤走。」李文忠等人不信，因爲「其壁壘旗幟皆如故，且聞嚴鼓聲。」劉基知道這是張軍的詭計，命部隊疾速前進，「至則皆空壘，擊鼓者乃所掠老弱耳。」於是窮追不捨，擒獲甚衆，而李文忠損失極小。

鬥智不鬥力，這是克敵制勝的一大法寶。

誠意伯的睿智

公（指劉基）學足以探三才之奧，識足以達萬物之情，氣足以奪三軍之帥，以是自許，卓然立於天地之間，不知自視與古之豪傑何如也。……皇上（指朱元璋）龍興，卒以宏謨偉略，輔翼興運，及定功行賞，疏土分封，遂膺五等之爵，與兀勛大臣，丹書鐵券聯休共美於無窮，不其盛哉？

——徐一夔《郁離子·序》

奏立軍衛法

明朝開國，劉基的履歷並不複雜。

一三六八年，朱元璋重建漢族政權，劉基任御史中丞。同年八月，徐達攻入大都（今北京），劉基辭官歸家。十一月，劉基被召還南京。

洪武三年（一三七〇年），朱元璋已統一中國北部，劉基被封爲誠意伯。

洪武四年正月，劉基辭官還鄉。

作爲誠意伯，作爲一朝重臣，劉基的睿智表現在許多方面，如奏立軍衛法，倡「爲政猛如循環」之論，論易相，定八股考試制度等。我們先看他所奏立的軍衛法。

所謂軍衛法，即衛所制度。每一個衛所在建制時都分配有軍用農田。在漢唐時代，軍屯是邊防的重要因素，但在遼、金、元時代，主要靠民屯爲軍隊提供給養。明代的軍事體制借鑒了這兩種傳統，但又有別於其中任何一種。在衛所制度中，士兵有世襲的服兵役義務。他們單獨立軍籍，其中每家每戶必須由每一代出一個丁壯服兵役。這就將世襲軍官、世襲士兵與軍屯結合起來了。其好處正如孟森《明清史講義》所說：「民屯乃移民墾荒，固為足食之一事；軍屯則既可不棄地利，又能使國無養兵之費，而兵有保衛地方之實。夫責兵以衛民，曰汝職務宜然，此以名義相責，非以身家之利害相共也。兵為無產之人，受甚薄之給養，而為有產之人作保障，其勢不可必恃，來不知其所從，去不知其所向，此種雇倩無根之人而假之以武器，習之以戰陣，謂能使見利而不起盜心，見害而不思苟免，是以勞役待兵，而又以聖賢望兵也。人受田五十畝，兵有產矣，一家佔為此籍，兵與地方相共矣，既無從出沒為非，更不能恝視（無動於衷地看待）身家所在之地。」

衛所制度的特點是：平時把兵力分駐在各地方，戰時才命將出師，將不專軍，軍不私將，軍力全屬於國家。大抵五六〇〇人為一衛，長官為指揮使，管轄五個千戶所。每個千戶所為一一二〇人，長官為千戶。千戶所下分十個百戶所，一個百戶所為一一二人，長官為百戶。百戶所設總旗二，每個總旗下設五個小旗，每個小旗爲一人。都指揮使司是地方上的最高軍事機構。全國衛所、都指揮使司皆統屬於大都督府。大都督府掌軍籍，是全國的最高軍事機構。和都督府相配合的機關是兵部，長官爲兵部尚書。都督府是統軍機關，對軍隊無調遣權。每逢戰時，則由兵部派遣的總兵官統率衛所軍隊出征。戰事結束、總兵官繳回將印，軍隊歸還衛所。這樣，都督府、兵部、總兵官都不能專權，有助於加強和鞏固皇權。

「爲政寬猛如循環」

執政者管理國家，是嚴好還是寬好，對這個問題的回答應視具體情況而定。因時制宜，因地制宜，事情才能辦好。

「爲政寬猛如循環」，這是劉基的執政要訣。開國之初，劉基主張嚴刑。他認爲，宋、元因過於寬縱而失去天下，「今宜肅紀綱。」下令御史嚴加糾察彈劾，無論誰犯了罪，都絕不迴避，即使是「宿衛官侍有過」，亦請示皇太子，置之於法，朝廷上下均「憚其嚴」。

李彬一案是極能說明劉基之嚴厲的。李彬曾任中書省都事，因貪縱得罪。他與丞相李善長交情很深，故李善長請求劉基法外施恩。而劉基的態度非常明確：寧可觸忤善長，也決不緩刑。李彬終於未能逃脫法律的制裁。

中國古代有畏於火而生、嬉於水而死的說法，它強調的是嚴刑峻法的必要性：無獨有偶，劉基也指出：「刑，威令也，其法至於殺，而生人之道存焉。赦，德令也，其意在乎生，而殺人之道存焉。《書》曰：『刑期於無刑。』又曰：『眚災肆赦，此先王之心也。』是故制刑，期於使民畏，刑有必行，民知犯之之必死也，則死者鮮矣。赦者所以矜蠢愚，宥過誤。知罪不避，而輒原焉，是啓僥倖之心而教人犯也；至於禍稔惡積，不得已而誅之，是以恩爲並也。」（《刑赦》）劉基的意思是：實行嚴刑峻法，看上去似乎很殘酷，但人們由於心存畏懼而不敢觸犯法律，也就不至於得禍，那麼被判死刑的人也就少了。相反地，一味寬縱赦免，卻使人們生僥倖之心，經常觸犯法律，等到罪大惡積，仍不得不予以誅殺，那麼被判死刑的人就多了。

劉基《得令字》詩亦討論刑、赦問題，讀者可以參看：

勾芒發陳根，北斗轉東柄。
衆星各參差，威弧何時正？
好生雖聖心，明刑亦王政。
哲人慎謀始，斯焉獲終慶。
徒言兩階舞，可以懷逆命。
不見三危山，萬里竄梟獍。
世德異唐虞，民情好爭競。
那無跗扁醫，而有膏肓病。
波濤地軸杌，虎豹天關瓊。
雨露當春滋，風霜及秋勁。
誰能奉明辛，順天行號令？

詩的核心內容是：懷柔政策在唐虞時代或許有用，但時值「民情好爭競」的元末明初，雖然聖心好生，仍須明刑示法。正如雨露（赦）宜於春日（唐虞之世），風露（刑）宜於秋日（爭競之世），或刑赦，均應從實際的社會情況出發。

從實際的社會情況出發，便不會機械地總操同一尺度。辯證唯物主義的一個基本原則是反對片面性。所以，幾年之後，天下已由大亂逐漸趨於大治，這時，劉基又建議明太祖處事宜寬大為懷，他強調，「霜雪之後，必有陽春，今國威已立，宜少濟以寬大。」辯證施治，體現出謀略家的膽識。

此事發生於洪武四年（一三七一年）。

這年八月，朱元璋致信已退休在家的劉基，詢問有關天象的事宜。朱元璋在信中寫道：「近西蜀悉平，稱名者，盡俘於京師。我之疆宇，比之中國前王所統之地不少也。奈何故元以寬而失？朕收平中國，非猛不可。然歹人惡嚴法，喜寬容。謗罵國家，扇惑是非，莫能治。即今天像疊見，且天鳴已及八載，日中黑子又見三年。今秋天鳴震動，日中黑子，或二或三，或一日四見之，更不知災禍自何年月日？至卿山中，或有深知歷數者。知休咎者，與之共論封來。」劉基得信，以「霜雪之後，必有陽春。今國威已立，宜少濟以寬大」作答，據《明史紀事本末》記載，對劉基的建議，當時頗有不以爲然者，有人甚至倡言「殺運三十年未除」，劉基知道後，仍堅持自己的主張說：「若使我當國，掃除俗弊，一二年後，寬政可復也。」顯示了一個謀略家直方剛大、毅然自任的氣概。

寫到這裡，有必要提到朱元璋制定的《大明律》，《大明律》是明朝的主要法典。從吳元年（一三六七年）到洪武六年（一三七三年），經過前後七年的反覆修改，才基本完成。《大明律》草創之初，劉基爲二十位議律官之一，參與過討論。但從總體上看，它主要體現了朱元璋「重典治國」的思想，其特點是：條目較《唐律》「簡核」，但「寬厚不如宋」，科刑甚嚴。比如：對民衆的反抗，如犯了「謀反」、「謀大逆」之「罪」者，在行刑上，《唐律》規定爲首者處斬刑，其父及年在十六歲以上的兒子皆處絞刑，其餘親屬則不處死刑；而《明律》規定，不分「主犯」、「從犯」一律凌遲處死，他們的祖、父、子、孫、兄弟及同居之人，年在十六歲以上的都處斬刑。再如，爲了使民衆只對朱元璋本人頂禮膜拜，《大明律》甚至禁止民衆稱頌「宰執大臣」：「凡諸衙門官吏及士庶人等，若有上言宰執大臣美政才德者，即是奸黨，務要鞫問，窮究來歷明白，犯人處斬，妻子為奴，財產入官。若宰執大臣知情，與同罪。」從這些條目，可見《大明律》用刑之酷。

《大明律》告竣之日，也正是劉基提出「今國威已立，亦少濟以寬大」之時，這一事實提醒我們：在朱元璋成為異常專制的帝王之後，正直的劉基是不肯阿附的；他有針對性地提出了自己的建議，其建議中就包含有對朱元璋的委婉批評。

但遺憾的是，朱元璋卻在專制之路上越走越遠。從洪武十八年（一三八五年）起，到洪武二十年（一三八七年）間，朱元璋為了進一步鞏固明王朝的集權統治，頒布了一部嚴厲懲治吏民的特別刑法，即《明大誥》它設置了許多《大明律》所沒有的禁令和罪名。從《明大誥》所摘錄的朱元璋對於臣民法外用刑案例看，其「辦法」之多，令讀者毛骨悚然，除了族誅、凌遲、梟首、斬等死罪外，還有墨面文身、挑筋去指、挑筋去膝蓋、斬手、斬趾、刖足、枷令、常號枷令、枷項游歷、重刑遷、充軍籍沒、閹割為奴等幾十種，真可謂嚴酷之至了。

朱元璋對《明大誥》極為重視，甚至一度將之列為科舉考試的內容之一。但

《明大誥》如此峻酷，是不可能得人心的，故朱元璋死後不久，《明大誥》就廢止不行了。《大誥》的遭人遺棄，反過來證明了劉基「霜雪之後，必有陽春」的思想才是合情、合理、合宜的。一個深遠慮的政治家，他的智慧永遠是人類的一筆財富。

據徐禎卿《翦勝野聞》記載：明太祖曾游覽一座破敗的寺院，「戈戟外衛，而內無一僧」。牆上畫著一個布袋和尚，墨跡未乾，旁邊題一偈道：

大千世界浩茫茫，收入都將一袋裝。
畢竟有收還有散，放寬些子又何妨。

這詩指在譏誚朱元璋。「蓋帝爲政尚嚴猛，故以諷之。」明太祖命太尉丞索其人，不見踪影。

拿這一記載與劉基「宜少濟以寬大」之論對讀，更能見出劉基思慮之深以及敢於勸諫的諍臣風度。

論相

在中國古代的政治生活中，宰相的重要性是異乎尋常的。以對原始氏族社會的巫師的理想化為前提，中國知識分子的最高理想是「應帝王」，「作宰輔」，「為帝王師」。伊尹、周公、諸葛亮……這是歷代知識分子的楷模。因此，宰相這一位置，不僅僅是權力的象徵，尤為重要的是，它表明了一個讀書人的價值。懂得這一點，我們才能理解唐代詩人李白：他雖然並不具備宰相的才能，卻一直嚮往著位登台輔，做一番使「寰區大定、海縣清一」的事業。

宰相之重要還有另外的原因。中國的皇帝是世襲的，「天子之子不皆賢」，事實上，能有三分之一的皇位繼承者「賢」就不錯了。皇帝不「賢」，怎麼能管理好國家呢？於是就有賴於宰相的賢能。用能「傳賢」的宰相來輔佐不能傳賢的天子，宰相肩上的擔子是異常沉重的。

元代末年，劉基就非常關注宰相的人選問題。《論相》一篇，借歷史題材來討論現實問題，頗有針對性。其文曰：

楚王患其令尹蔿呂臣之不能，欲去之，訪於宜申。宜申曰：「未可。」王曰：「何故？」宜申曰：「令尹，楚相也，國之大事，莫大乎置相，弗可輕也。今王欲去其相，必先擇夫間之者，有乃可耳！」王蹙然曰：「令尹之不足以相楚國，不惟諸大夫及國人知之，鬼神亦實知之，大夫獨以為未可，寡人惑焉。」宜申曰：「不然。臣之里有巨室，梁蠹且壓，將易之，召匠爾，匠爾曰：『梁實蠹不可以不易，然必先得材焉，不則未可也。』其人不能堪，乃召他匠，東群小木易之。其年冬十有一月，大雨雪，梁折而屋圮。今令尹雖不能，而承其祖父之餘，國人與之素矣。而楚國之新臣弱，未有間者，此臣之所以曰未可也。」

《論相》所闡明的主張，在明初的政治生活中被付諸了實施。洪武初年，朱元璋對丞相李善長不太滿意，劉基卻以爲：「善長乃國家勛臣，能調和諸將。」朱元璋頗感奇怪地問：「他有好幾次想陷害你，你居然爲他留地步？我馬上要任命你做丞相了。」劉基頓首道：「這好比換屋梁，先要選好棟梁之材。若把一些小木頭捆在一起做屋梁，肯定會梁折屋塌。」當李善長被罷免丞相職務時，朱元璋打算任命楊憲接替。楊憲與劉基一向交情不錯，但劉基卻力言不可，其看法是：「楊憲有丞相之才而無丞相的器量。做宰相的人，持心如水，以禮義為權衡，而本人不與之發生利害關係，這一點楊憲辦不到。」朱元璋又問：汪廣洋如何？答：「他器量狹小，更甚於楊憲。」又問胡惟庸如何，答：「胡惟庸猶如小犢，用他駕車，我擔心敗轅（比喻敗壞事情）。」朱元璋聽了，說：「朕之相，誠無如先生。」劉基道：「臣疾惡太甚，又才短不耐煩劇，做丞相將有負於皇上的知遇之恩。天下何患無才，惟明主悉心求之，目前諸人，的確未見其可。」果然，後來楊憲、汪廣洋、胡惟庸皆敗，尤其是胡惟庸，他利用權力，把自己的黨羽安插進政府機構，並實際上已從內部接管了行政大權，朱元璋將他公開處死，並乘機廢除了中書省及丞相制。

劉基與李善長是有隔閡的。《明史·劉基傳》記載：明朝開國之初，劉基「謂宋、元寬縱失天下，今宜肅紀綱。……中書省都事李彬坐貪縱抵罪，善長素暱之，請緩其獄。基不聽，馳奏。報可。方祈雨，即斬之。由是與善長忤。」朱元璋從汴梁回到南京，李善長立即在朱元璋面前批評劉基在壇壝下殺人，「不敬」，其他不滿於劉基的人也交相詆毀他，終於使明太祖對劉基產生了嫌棄之心。

劉基與李善長之間既然有這段不愉快的經歷，正如朱元璋所說，李善長被免相，劉基應該高興才對，何以倒替他說話呢？

這裡正見出誠意伯的睿智。

雄才大略的朱元璋，在明朝開國之初，仍然採用元朝的制度，中央設中書省，由左右丞相總理吏、戶、禮、兵、刑、工六部事務。這一制度，賦予了丞相很大權力，使權力欲極大的朱元璋甚爲不滿。他說：「設相之後，臣張君之威福，亂自秦起。宰相權重，指鹿爲馬。自秦以下，人人君天下者，皆不鑒秦設相之患，相從而命之，往往病及於國君者，其故在擅專威福。」他總結元朝滅亡的教訓，認爲原因之一便是「委任權臣，上下蒙蔽」。朱元璋不願作無所事事的傀儡皇帝，他遲早會廢除中書省和丞相制。

以劉基那種觀察問題和分析問題的能力，對這種事物演變的必然性一定早有預感。從常識推論，朱元璋要廢除中書省和丞相制，不能沒有藉口。他在洪武十四年（一三八一年）採取這一重大行動時，便以左丞相胡惟庸陰謀政變爲理由。所以，要遏制朱元璋對於丞相權力的呑並，在位的丞相必須在兩個方面具有優勢：

其一，這位承相在朱元璋的心目中威望極高，以致這位專制皇帝不敢隨心所欲加以懲處。這一點，非李善長莫屬。李善長（一三一四—一三九〇），字百室，定遠（今屬安徽）人。一三五四年，朱元璋在南征途中攻下定遠，李善長成爲他的第一位文人助手，並在朱元璋的文官集團中始終處於第一的位置。常向朱元璋建議「行仁義，禁殺掠，結民心」；常留守後方，調度兵食；一三六八年被新王朝任命爲中書左丞相。洪武十三年（一三八〇年），朱元璋以「擅權植黨」的罪名殺胡惟庸，以後又加胡惟庸以「通倭」、「通虜」和「謀反」的罪名，並不斷牽連擴大。十年後，即洪武二十三年（一三九〇年），開始了第二次大的清洗，李善長被牽連進去，捲進謀反案中，這就爲朱元璋殺他提供了充足理由，但朱元璋卻並未立即採取行動。以李善長的聲望，朱元璋明白，那是不能隨意處斬的。我們來看看當時的情形：

李善長的侄兒娶胡惟庸的姊姊爲妻。胡惟庸叛逆案於一三八〇年被告發時，就有人控告李善長與胡「交通」，但朱元璋未採取任何對李善長不利的行動。一三八五年，又有人重新控告李善長，朱元璋依然沒採取行動。一三九〇年六月，一名御史彈劾李善長，說他在一三七九年曾派使者以胡惟庸的名義送信給蒙古人，許多證人也證實李善長有罪，這時，朱元璋才「賜」李善長「死」，讓他自殺。這與楊憲、汪廣洋、胡惟庸等人輕易便被處死的境況適成對照，表明在朱元璋的文臣中，李善長畢竟是第一人。

其二，這位丞相在許多人心目中是一個決不會背叛朱元璋的人。這一點，李善長也是適當的人選。胡惟庸一案，朱元璋定的罪狀是：組織黨羽，收集軍馬，勾結倭寇和蒙古，請兵爲外應等。這些罪狀，儘管證據不那麼確鑿，卻無人爲胡惟庸辯冤。不少人以爲，胡惟庸謀反，並非不可能。但當李善長被牽連進去後，卻出現爲數不少的辯冤者，他們確信，李善長不會謀反。解縉代工部郎中起草了一份奏章，並以工部尚書的名義上報。他指出，李善長不可能有謀反動機，因爲這罪行不能給他帶來任何好處，此案於理不通。確實，如果說李善長居功自傲，在王朝內部搞派系，人們也許會接受這種指控，但加之以謀反之罪，卻難以服人。

由上述二點，我們可以得出結論：儘管李善長也未必能遏制朱元璋對丞相權力的呑並，但如果試圖遏制其欲望的話，李善長仍是最恰當的人選。作爲謀略家，劉基的判斷是非常準確的。

「王保保未可輕」

「王保保未可輕」，這一箴言，展示了誠意伯睿智的又一側面。

王保保（？—一三七五），即擴廓帖木兒。元末沈丘（今屬河南）人。察罕帖木兒之甥，自幼被養爲義子。跟隨察罕組織地主武裝鎮壓紅巾軍。察罕死後，代爲統帥，於至正二十二年（一三六二年）冬攻占益都。後駐兵冀寧（治今山西太原），與諸將孛羅帖木兒等相互攻擊。至正二十五年（一三六五年）封河南王，總領天下兵馬。因李思齊不受調遣，遂進兵關中，與之相持不解。其部將貊高、關保也相繼抗命，勢力逐漸衰弱。至正二十八年（一三六八年），明軍大舉北進，他從山西敗走甘肅，逃入蒙古。此後一再襲擾明朝的北部邊境，拒絕招降。

劉基提到「王保保未可輕」，是在一三六八年八月辭官歸家之前。當時，因李彬一案，李善長對劉基滿腹怨恨，在朱元璋面前「愬基僇人壇壝下，不敬；諸怨基者亦交譖之。」適值旱災嚴重，朱元璋求言，於是劉基指出：這是由於朝政舉措失當所致，如，「士卒物故者，其妻悉處別營，凡數萬人，陰氣郁結。工匠死，骸骸暴露，吳將吏降者皆編軍戶。」凡此種種，「足乾和氣」，導致風雨失調。朱元璋採納了劉基的意見，但天仍不下雨。李善長等人的讒毀與劉基的祈雨不應湊在一起，使朱元璋頗爲惱怒。劉基感到很難在朝廷待下去了，遂藉口「妻喪」，請求辭官歸家。臨行，他特意上奏，強調「王保保未可輕」。因爲，朱元璋正銳意滅王保保，劉基擔心輕敵誤事。

事局的發展印證了劉基的先見之明。

明軍與王保保的交鋒主要有兩次：一次在一三七〇年，一次在一三七二年。

一三七〇年，明軍從兩個方向對元軍發動了強大攻勢。李文忠和馮勝率領一支軍隊經居庸關去攻打元帝，另一支軍隊由徐達、鄭俞、湯和率領從西安攻打擴廓帖木兒。五月三日，徐達的軍隊在定西（今甘肅鞏昌附近）發現了擴廓帖木兒。蒙古軍隊的人數比預料的多，他們猛烈進攻，包圍了明軍的西南翼，並一度使明軍左丞相胡德濟失去了控制人馬的能力。第二天，徐達在穩住陣腳後，發起反攻，全殲王保保軍，據說有八萬六千多人。但是，王保保卻逃走了，儘管是僅以身免。他後來成了沙漠上的霸王，被視為支持殘元命運的好漢。這一結局使兩年後的徐達深感惋惜。

一三七二年，明軍兵分三路，向蒙古人進擊。大將軍徐達出中路，由雁門趨和林；左副將軍李文忠出東路，由居庸至應昌；征西將軍馮勝出金蘭取甘肅。各將兵五萬。朱元璋對諸將說：「今天下一家，尚有三事未了。其一，歷代傳國璽在胡未獲；其二，統兵王保保未擒；其三，前元太子不知音問。今遣汝等，分頭征之。」徐達的軍隊於初春時節橫穿戈壁，在外蒙古搜尋擴廓帖木兒。藍玉是徐達軍的急先鋒，他出山西雁門後就直趨土剌河。在土剌河附近發生的前哨戰中，明軍取得了勝利。但當明軍被誘深入以後，一個多月來避免與明軍交鋒的王保保的主力出現了，結果，徐達的主力軍在岭北和林的會戰中一敗塗地，「死者數萬人」。

國初佐命元勛、一代名將徐達在岭北慘敗，其直接後果是：朱元璋從此喪失了並吞外蒙古的雄心。而更深遠的影響還在於，爲明朝北部邊疆留下了綿延不絕的威協。這樣的後果是明初君臣所不願接受的。如日本學者和田清所說，「明朝興起取代元朝，這不只是漢族以反抗北方民族壓迫的勢力恢復了南宋時代所喪失的中原地方，而是扭轉唐末以來漢族的被動地位，完全奪回漢、唐最盛時代直到北疆的一次巨大運動。當時各將領都充分體會了這種意義，進行了奮鬥。」遺憾的是，明初國勢如此強盛，經略如此宏偉，卻未能如願以償。

應該回頭看一則史料。據《明實錄》洪武五年春正月庚午條記載，朱元璋曾與諸將領討論邊事，徐達說：「今天下大定，民庶已安，北虜歸附者相繼，惟王保保出沒邊境，今復遁居和林。臣願鼓率將士，以剿取之。」朱元璋提醒說：「彼朔漠一窮寇耳，終當絕滅，但今敗亡之衆，遠處絕漠，以死自衛。困獸猶鬥，況窮寇乎？姑置之。」諸將道：「王保保狡猾狙詐，使其在，終必為寇，不如取之，永清沙漠。」朱元璋問：一定要去征討王保保，須多少兵？徐達答：「得兵十萬足矣。」朱元璋強調說：「兵須十五萬。」

「得兵十萬足矣」，這是多麼豪壯的語言，而輕敵之意也顯而易見。朱元璋強調「困獸猶鬥」和「兵須十五萬」，心裡大約還記得劉基「王保保未可輕」的告誡。常勝將軍徐達終於不免失敗，這個悲劇性的事件倒反證了劉基的英明。

當然，劉基並不希如此。

洪武五年（一三七二年）十一月，朱元璋召徐達、李文忠還。他想起劉基「王保保未可輕」一語，對皇子說：「我用兵未嘗敗北，今諸將自請深入，敗於和林，輕信無謀，致多喪士卒，不可不戒。」

洪武八年（一三七五年），擴廓帖木兒（即王保保）卒。

朱元璋曾經給王保保寫過七封信，他一封也不回；出塞後，朱又遣人招諭，亦不從，最後派李思齊去勸降，王保保反要思齊一臂。朱元璋因此很看重他。一天，朱大宴諸將，問：「天下奇男子誰也？」將領們都答道：「常遇春是也。遇春僅將兵十萬，橫行無敵，眞奇男子也。」朱笑著說：「遇春雖人傑，吾得而臣之；吾不能臣王保保，其人，奇男子也。」《明史·擴廓帖木兒傳》的這段著名掌故，印證了劉基的預言：王保保未可輕。

「王保保未可輕」，他的確是個不尋常的人物。他在元末的混亂中挺身而起，爲衰殘的蒙古朝廷竭智盡忠，勞苦功高。後來不幸隨同元室北竄，退居漠北，仍一直抱著興復元室之志。尤其是洪武五年，在嶺北打敗常勝將軍徐達，使明人一度不敢北進。雖然明軍也幾次挫敗他，但因爲王保保的存在，總不敢輕舉妄動。他帶給元朝廷一線中興的希望。「眞可以說是孤掌支撐了將傾的天下。」

「王保保未可輕」，在朱元璋的文臣武將中，最了解擴廓帖木兒的是劉基。

定八股考試制度

明朝政府於洪武三年（一三七〇年）正式建立科舉制度，「專取《四子書》及《易》、《書》、《詩》、《春秋》、《禮記》五經命題試士，蓋太祖與劉基所定。」「其文略仿經義，然代古人語氣爲之，體用排偶，謂之八股，通謂之制義。」（《明史·選舉志》）明清科舉制度曾受到不少非議，其實，作為一種人才選拔和官員任命體系，可取之處甚多。

其一，科舉制度比歷史上的九品中正制等有較多的合理性，捨此還沒有別的更好的選拔人才的途徑，清乾隆年間的大學士鄂爾泰指出：用八股文取士，自明迄今，近四百年，人知其弊卻又守之不變的原因，在於變了以後沒有良法以善其後。

其二，取消八股文，考試別的內容，也會有流弊，甚至流弊更大。唐代的進士考試以詩賦為主，北宋的王安石曾批評道：人年輕時，精力旺盛，「正當講求天下正理」；閉門學作詩賦，其結果，一旦做官，臨事皆所不知，以致人材比不上古代。根據王安石的建議，宋神宗年間的進士科以儒家的經典《易》、《詩》、《書》、《周禮》、《禮記》、《論語》、《孟子》為主要考試內容，王安石的《三經新義》則被規定為對經典的權威性的解釋。王氏的目的，是要甄拔實用的人才，但事與願違，應試者卻「專誦王氏章句而不解義」。這使王安石大為沮喪，感慨說：本欲將經生變為秀才，沒想到把秀才也變成了經生。由此一例，不難看出，官學功令，爭爲禽犢；士風流弊，必至於此。即使盡舍《四書》朱注，而代以漢儒的今古文經訓，甚至定商鞅韓非之書、或馬遷班固之史、或屈原杜甫之詩騷，爲程文取士的依據，最終也會淪爲富貴本子、試場題目。

其三，以考試的方式甄拔人才，必須有統一的標準，否則，考生與考官都將無所適從。所以，儘管一些著名學者如紀昀等對朱熹的《四書》集注頗有非議，卻不贊成在科舉考試中脫離朱注而雜採漢學。據清代梁章鉅的《制義衆話》記載，有個叫王惕甫的考生，在嘉慶丙午科的考試中，採用漢人的注而不用朱熹的集注，結果，儘管他文章寫得不錯，還是被考官紀昀給刷掉了，而紀昀在學術上卻正是偏愛漢學、不滿宋學的學者。可見，紀昀主張，個人在學術上的獨立見解不能影響考試標準的統一性。

劉基協助朱元璋確立科舉考試制度，爲的是維持和鞏固明朝統治。原因明擺著：武力可以奪取政權，卻不能用以治國。況且，軍官大都不識字，辦不了公文。即使識得一些字，也不能作高級執政者，歷史尚未提供武人當政的成功事例。結論是：要管理好國家，必須有一個得心應手的官僚機構，而官僚必須是文人，從朝廷到地方，從省府部院寺監到州縣，各級官僚得十幾萬人，白手起家的明太祖，從哪兒去找這麼多忠誠而又能幹的文人？將願意效命的元朝舊官吏和沒有作過官的讀書人以及富戶集中起來，人才還是遠遠不夠，只好想辦法培養新的。

科舉制度正是造成大量新官僚的行之有效的方法之一。

「以餌取魚，魚可殺；以祿取人，人可竭。」功名利祿是帝王駕馭天下「英雄」的法寶。但僅僅吸引讀書人應考是不夠的，還必須將讀書人的思想納入皇家所希望的軌道，從控制他們的人生道路到控制他們的精神，使這個居於「四民之首」的社會集團眞正與皇家同心同德。明代科舉制度規定以《四書》、《五經》爲基本考試內容，目的即是「端士習」，「崇正學」，把儒家的君君臣臣等綱常名教觀念灌輸到讀書人的大腦中去。也許不應忽略的是，朱元璋曾對《四書》中的《孟子》動過切害手術。洪武三年（一三七〇年），朱元璋開始讀《孟子》讀到幾處對君王不大客氣的地方，便大發脾氣道：「使此老在今日，寧得免耶？」（要是這老頭活到今天，免得了被砍頭嗎？）下令國子監撤去孔廟中孟子配享的神位，把孟子逐出孔廟。洪武二十七年（一三九四年），還專門成立了一套班子來檢刪《孟子》，計刪除八五條，如《盡心篇》的「民爲貴，社稷次之，君爲輕」，《梁惠王篇》的「國人皆曰賢」，「國人皆曰可殺」一章；「時日曷喪，予及汝偕亡！」和《離婁篇》「桀紂之失天下也，失其民也，失其民者，失其心也」一章；《萬章篇》「天與賢則與賢」一章；「天視自我民視，天聽自我民聽」；「君有大過則諫，反復之而不聽，則易位」；以及類似的「聞誅一夫紂矣，未聞弒君也」；「君之視臣如草芥，則臣視君如寇仇」等。經過刪節，僅剩一七〇餘條，刻板頒行全國。朱元璋的這一舉措，發生於劉基去世數年之後，與劉基無涉，他與劉基的「王道」觀不符。

明代的科舉制，其考試分爲三級：第一級是院試；第二級是鄉試；第三級，包括會試、復試和殿試。

院試由學道或學政主持，在府城或直隸州的治所舉行。院試之前，有兩場預備考試。第一場爲「州縣試」，由知縣或知州主持，考中的稱「童生」；第二場爲「府試」，由知府或直隸州知州主持；這兩場考試沒有名額限制，知縣或知府一般總是讓考生通過，以便他們能參加「院試」。

院試是決定童生能否成爲生員的關鍵考試。院試過關，考生便取得了生員的資格，俗稱秀才。做了秀才，即正式成爲下層紳士的一員。雖然秀才不能直接做官，但一方面，他們從此在經濟上免於賦稅和徭役，在社會地位上高出平民百姓一等，另一方面，他們可參加鄉試，有希望躋身上層紳士的行列，所以仍極受重視。

鄉試每三年考一次，地點是京城及各省省城。鄉試前的預試稱科考，由學政主持，主要目的是確定哪些生員有資格參加鄉試。鄉試的主持官員稱主考，有正有副，由皇帝選派。

鄉試中被正式錄取的稱爲舉人。舉人的功名比生員重要得多。因爲，舉人不但可參加會試投考進士，即使考不中進士，也能參加「大挑」，或做知縣，或做學官，從此步入仕途；再退一步，哪怕不做官，在地方上以其紳士的身分，也實際上參與大量地方事務的管理，擁有相當大的權力。考上舉人是讀書人成爲上層紳士的標誌。

在最高一級的考試中，會試具有決定性的意義：會試錄取後，一般不會被淘汰。會試由禮部主持，參加考試的是各省的舉人。被錄取者稱爲貢士，經復試、殿試，才正式取得進士的稱號。進士幾乎都能做官。他們在紳士階層中社會地位最高，威望和影響也最大。名列前茅的進士則被選入翰林院。

科舉制度於洪武三年正式建立後，洪武六年（一三七三年）曾一度停止。朱元璋認爲，科舉所取「多後生少年，能以所學措諸行事者寡，乃但令有司察舉賢才，而罷科舉不用。」到洪武十五年（一三八二年）復設科舉。洪武十七年（一三八四年），「始定科舉之式，命禮部頒行各省，後遂以爲永制。」我們在前面對科舉制的介紹，著眼於「永制」，並非完成於劉基之手，但其草創之功仍不可沒。

韜光養晦

「飛鳥盡，良弓藏，狡兔死，走狗烹。」這句話不僅記錄了越王勾踐猜忌誅殺功臣名將的歷史事實，而且形象地勾勒了中國歷代皇帝無端猜疑的共同思維特徵。

——《帝王思維》

小説家筆下的劉伯溫

明代小說《英烈傳》敍的是「眞命天子」朱元璋乘亂崛起、統一中國的故事。第七十八回《皇帝廟祭祀先皇》，記已經登上帝王寶座的朱元璋率群臣祭祀前代帝王，其中的兩個片斷與劉基有關：

且說太祖出廟，信步行至歷代功臣廟內，猛然回頭，看見殿外有一泥人，便問：「此是何人？」

伯溫奏道：「這是三國時趙子龍。因逼國母，死於非命，抱了阿斗逃生。」

太祖聽罷，說道：「那時正在亂軍之中，事出無奈，還該進殿才是。」

話未說完，只見殿外泥人，大步走進殿中。太祖又向前細看，只見一泥人站立，便問：「此是何人？」

伯溫又道：「這是伍子胥。因鞭了平王的屍，雖係有功，實爲不忠，故此只塑站像。」

太祖聽罷，怒道：「雖然殺父之仇當報，爲臣豈可辱君，本該逐出廟外。」

只見廟內泥人，霎時走至外邊。隨臣盡道奇異。

太祖又行至一泥人面前，問道：「此是何人？」

伯溫奏道：「這是張良。」太祖聽畢，烈火生心，手指張良罵道：「朕想當日漢稱三傑，你何不直諫漢王，不使韓信封王，那躡足封信之時，你即有陰謀不軌，不能致君爲堯、舜，又不能保救功臣，使彼死不瞑目，千載遺恨。你又棄職歸山，來何意去何意也？」太祖細細數說，只見張良連連點頭，腮邊掉下淚來。

伯溫在旁，心內躊躕，「我與張良俱是扶助社稷之人，皇上如此留心，只恐將來禍及滿門，何不隱居山林，拋卻繁華，與那蒼松爲伴，翠竹爲鄰，閑觀麋鹿銜花，呢喃燕舞，任意遨遊，以消餘年。」籌畫已定，本日隨駕回朝。

次日太祖沒朝，劉基叩首奏道：「臣劉基今有辭表，冒犯天顏，允臣微鑒。」

太祖覽表，說道：「先生苦心數載，疲勞萬狀，方今天下太平，君臣正好共樂富貴，何故推辭？」

伯溫又奏道：「臣基犬馬微軀，身有暗病，乞放還田裡，以盡天年，眞是微臣僥倖，伏惟聖情諭允。」

太祖不從。伯溫懇求再三，太祖方准其所奏。令長子劉璉，襲封誠意伯。劉伯溫拜謝，辭出朝門，即日歸回，自在逍遙，不題。

以上描述，並沒有歷史事實的依據，但卻生動地寫出了明初君臣關係的陰影。朱元璋罵張良，這是含沙射影，鞭死屍給活人看，他的將要大殺功臣的意圖和企圖委過於人的用心，已昭然若揭，劉基敏銳地覺察到這一點，當即想到了退隱。劉基處亂而意氣昂揚，氣概不凡，一旦天下太平，歸於一統，反而憂危哀感，一掃昔年飛揚碑矶之氣的獨特個性，被人木三分地刻畫出來了。

劉基《旅興》之五云：

徼福非所希，避禍敢不慎？
富貴實禍樞，寡欲自鮮咎。
蔬食可以飽，肥甘乃鋒刃。
探珠入龍堂，生死在一瞬。

何如坐蓬蓽，默默觀大運。

這首詩作於明初，詩所表達的「避禍敢不慎」的憂懼之情，與《英烈傳》的描述不是如出一轍嗎？

可以順便提到明末《開卷一笑》（又名《山中一夕話》）卷七所收的劉基《扯淡歌》：

悶向窗前觀《通鑑》，古今世事多參遍。

興亡成敗多少人，治國功勛經百戰。

安邦名士計千條，北邙山下無打算。

爭奪名利一場空，原來都是扯淡精！

以「治國功勛」和「安邦名士」自居，完全不同於功成身危、時時如履薄冰的劉基，顯系他人假托。

功成身退：一個傳統的主題

功成身退，這是古代中國政治生活中的一個傳統主題。

一般說來，在開國帝王的周圍，總環繞著一群才具卓特的文臣武狀。他們或者運籌於帷幄之中，或者馳騁於千里疆場，雲起從龍，君臣遇合，遂演出了一幕幕南征北戰壯劇，令後人爲之喝采不已。但是，一旦帝王確立了自己的統治，這些曾經爲他立下汗馬功勞的文臣武將反而成了他的眼中釘：他害怕他們從自己手中奪走天下，他必須掃除臥榻之側的威脅。

於是，功臣慘遭殺戮就成爲人們司空見慣的事。

文種被勾踐所殺是較早的例子。文種，字少禽（一作子禽），楚國郢（今湖北江陵西北）人。他和同是楚國人的范蠡，後來都成了越王勾踐的輔佐，幫助他復國滅吳，並稱霸諸侯。勾踐完成霸業後，范蠡深知，可與勾踐共患難，未可與勾踐同安樂，遂毅然決然地棄去官職，泛舟五湖。後遊歷齊國，改名陶朱公，以經商致富。范蠡勸文種也早些離開官場，而文種卻相信勾踐不會虧待他。誰知滅吳後不久，勾踐即賜劍命他自殺，勾踐說：「子教寡人伐吳七術，寡人用其三而敗吳。其四在子，子爲我從先王試之。」勾踐的意思是：你文種足智多謀，隨時都有可能危及我的權力寶座，不除掉是不行的。於是文種自殺。

功成身退，范蠡爲後世的文臣武將樹立了一個楷模。

漢高祖劉邦在殺戮功臣方面的所作所爲更令人心驚膽戰。

韓信是爲劉邦奪天下的名將。一次，劉邦問韓信：「我可以帶多少人馬？」韓信說十萬。劉邦問韓信自己能帶多少人馬，回答是：「多多益善。」劉邦自己也承認：率領百萬軍隊，戰必勝，攻必克，我不如韓信。而這也就成爲韓信必然在漢初被殺的原因。另外兩大名將彭越和英布，也相繼被殺。

劉邦的佐命功臣張良幸免於殺害，他的全身遠害之道即韜光養晦，功成身退。漢王朝建立不久，張良即向劉邦申請退休，以便一心一意地去「遊仙」。他說：「以三寸舌爲帝者師，封萬戶，位列侯，此布衣之極，於良足矣。願棄人間事，欲從赤松子遊耳。」張良的這番話，只是藉口，所以宋代話本小說《張子房慕道記》才會寫出下述情節：

高祖問曰：「卿因何要入山慕道？」

張良答曰：「臣見三王苦死，不能全終。」

高祖曰：「那三王？」

張良曰：「是齊王韓信，大梁王彭越，九江王英布。元來這三王，忠烈直臣，安邦定國。臣想昔日楚王爭戰之時，身不離甲，馬不離鞍，懸弓插箭，掛劍懸鞭，晝夜不眠，日夜辛苦，這般猛將尚且一命歸陰，何況微臣，豈不怕死？」

亞里士多德說：歷史家描述已發生的事，詩人則描述可能發生的事，即按照可然律或必然律可能發生的事。從這個角度來看，《張子房慕道記》揭示了張良遊仙的眞實動機。

功成身退，張良爲劉基樹立了一個可資仿效的楷模。

誠意伯的憂懼

人根本沒有本性，他所有的是歷史。

在時間的不斷流逝下面，在人類生活的千變萬化後面，我們能夠發現那些經久不變的、周期性發生的、有代表性的因素，這些因素能夠在我們的理智和情感中引起強烈的共鳴。

文種、韓信、彭越、英布……他們的悲慘結局說明了什麼？誠意伯的憂懼，即源於對歷史的回憶。

伴君如伴虎。

所以，與普通人想像的不同，開國功臣劉基，入明後反而失去了那種豪邁雄肆的氣概，變得抑鬱寡歡，錢謙益《列朝詩集小傳·劉誠意》云：「公負命世之才，丁胡元之季，沉淪下僚，籌策齟齬，哀時憤世，幾欲草野自屏。然其在幕府，與石抹艱危其事，遇知己效馳驅，作爲歌詩，魁壘頓挫，使讀者僨張興起，如欲奮臂出其間者。遭逢聖祖（指朱元璋），佐命帷幄，列爵五等，蔚爲宗臣，斯可謂志大行矣。乃其爲詩，悲窮嘆老，咨嗟幽憂，昔年飛揚硉矹之氣，澌然無有存者，豈古之大人志士，義心苦調，有非旂常竹帛可以測量其深淺者乎？嗚呼，其可感也！」導致劉基這位佐命功臣「咨嗟幽憂」的，是一種對於禍患的恐懼之情。作於這一時期的《雜詩》（七首）之二云：

白露出草根，顆顆如明珠。
黃華炫金錢，亦復盈階除。
閑居無尤物，玩之聊可娛。
衡門不必扃，此非衆所須。
但恐成薏苡，千載令人吁。

詩的大意是說，草根上的白露，一顆顆有如明珠，台階上的黃花，一朵朵有如金錢；爲了不讓進讒言的人將白露說成明珠，將黃花說成金錢，我應該將自家的大門總是敞開，以便世人明白眞相，反正這些東西別人也不需要，用不著擔心被盜。其它一些詩中的句子，如：「滿天星月一庭煙，坐掩衡門思悄然。漫想明珠成薏苡，卻嫌黃菊似金錢。」（《秋日即事》之十二）「我如野馬貫藪澤，絡以羈靰知必踠。」（《寄贈懷渭上人》）「我髮日已白，我顏日已醜。開樽聊怡情，誰能計身後！」（《新春》）「但願有酒飲，無事驚晝眠。」（《遣興》）具見其畏禍之情。如孟森《明淸史講義》所說：「本此眼光讀公遺著，可知大人志士，惟在亂世爲有意氣發舒，得志大行則皆憂危之日。其不知憂危者，必爲胡惟庸、藍玉之流；知憂危者，則公及漢之張良是也。」「誠意之歸隱韜跡，非飾爲名高也，亦非矯情也，蓋懼禍耳。」

對張良的仿效

不居功，不自傲，這是張良避免猜忌的方法之一。

劉邦即皇帝位的第二年正月，大封功臣。張良沒有戰功，但劉邦說：「運籌帷幄之中，決勝千里之外，這是子房的功勞。可自己選擇故齊國境內三萬戶的地方做封邑。」故齊國在今山東省，靠近海岸，有魚鹽之利，最爲富饒。劉邦這是特意對張良表示優厚，換了另一個人，也許會興高采烈。但張良卻十分謹愼地答道：「臣當初從下邳出來，與皇上在留縣相見，這是上天將臣授予陛下。陛下採納臣的計策，很僥倖地偶然料得準，不算什麼，臣得封留縣就足了，不敢接受三萬戶的封邑。」於是，劉邦封他爲留侯。

劉基也從不貪圖封爵和顯位。洪武元年（一三六八年）十一月，明太祖追封劉基祖父永嘉郡公，祖母梁氏、母親富氏永嘉郡夫人，且欲進劉基爲公爵，劉基說：「陛下乃天授，臣何敢貪天之功。聖恩深厚，榮顯先人足矣。」朱元璋親定功臣位次，以徐達、常遇春、李文忠、鄧愈、湯和、沐英、胡大海、馮國用、趙德勝、耿再成、華高、丁德興、俞通海、張德勝、吳良、吳禎、曹良臣、康茂才、吳復、茅成、孫興祖凡二十一人立廟雞鳴山下，死者像祀，生者虛其位。又以廖永安、俞通海、張德勝、耿再成、胡大海、趙德勝七人，配享太廟。其中沒有劉基，當然也是他「固辭」所致。

清代姚瑩《識小錄．誠意伯》就此分析說：「青田始與章溢、葉琛、宋濂同以聘至，帝謂『我爲天下屈四先生』。既佐帝定天下，謀畫計事，敷成王道，帝獨以比子房，常呼先生而不名，其見重如此。然嘗考漢宣帝之圖麒麟閣也，霍趙魏丙十一人，皆文臣；明帝之圖雲台也，及太傅卓茂；唐太宗之圖凌煙閣也，及房、杜、魏、虞，則知不專以武功。今誠意以功名終始，而明祖功臣廟二十一人獨不及之何也？以是知青田之不居功，其德識爲遠矣。諸臣惟自以爲功，故上雖立廟而心實忌之，青田惟不自居功，故不立廟，禍亦不及，此與子房辟賞辟谷，先後同一意云。」不居功自傲，不重己輕人，招致忌恨的可能性就小得多。

「還隱山中」

張良在辭官歸隱時，說是「欲從赤松子遊」。赤松子是傳說中的仙人，或謂是神農氏時的雨師。張良假脫求仙，以期自脫，故意把話說得神秘些，故宋代話本《張子房慕道記》敘他「修行」的情景是：「慕道逍遙，修行快樂，粗衣淡飯隨時，著草履麻鞋無拘束。不貪富貴榮華，自在閑中快樂。手內提著荆籃，便入深山採藥。去下玉帶、紫袍，訪友攜琴取樂。」「放我修行拂袖還，朝遊峰頂卧蒼田。渴飲葡萄香醪酒，飢餐松柏壯陽丹。閑時觀山遊野景，悶來瀟洒抱琴彈。若問小臣歸何處？身心只在白雲山。」

神秘的張良，理當置身於神秘的氛圍中。

劉基辭官「還隱山中」，則沒有這種神秘感，倒是有幾許淒涼意味。據《明史》劉基本傳，洪武四年（一三七一年），賜劉基歸老於鄉。「基佐定天下，料事如神，性剛嫉惡，與物多忤。至是還隱山中，惟飲酒弈棋，口不言功。」其實，歸隱後的劉基，其最大特點是不與任何官員來往。有這樣一樁事：青田知縣因仰慕劉基，想拜訪他，始終得不到劉基的允諾，只好化裝成農夫來到劉基家。劉基正在洗腳，遂令侄兒帶進茅舍，煮飯招待客人。縣令說出自己的眞實身分，劉基大吃一驚，自稱百姓，「謝去，終不復見」。

劉基何以如此誠惶誠恐呢？

也許與朱元璋的特務政治有關。

朱元璋爲了迫使臣僚對他絕對忠誠，時常派人用特務手段去偵察臣僚的私下言行，以致於大臣們無不提心吊膽。吏部尙書吳琳告老還鄉，朱元璋仍不放心，派人一直跟到黃崗，察看他的行跡，使者回報，說吳琳在家老實務農，朱元璋才放下心來。可見，明太祖是不允許離職官員與地方官交結的。

葉盛《水東日記》載有這樣一件事：錢宰被朝廷徵聘編《孟子節文》，罷朝回家，寫了一首感慨辛勞的詩：「四鼓冬冬起著衣，午門朝見尙嫌遲。何時得遂田園樂，睡到人間飯熟時。」次日上朝，朱元璋問他：昨天做的好詩，但我並未「嫌」你呀，何不用「憂」字？一番話，嚇得錢宰連連磕頭謝罪。朱元璋治下，到處布滿了「以伺察搏擊爲事」的「惡犬」，叫臣僚們怎麼能不戰戰兢兢，如履薄冰？

比起越王勾踐和漢高祖來，明太祖是更爲「雄猜」的帝王，凡名望較高的文臣武將，最終都難以避免他的加害，即使是劉基這樣出色的擅長「韜跡」的士大夫。

爲胡惟庸所中

劉基隱居青田，一意韜光養晦，卻不料爲胡惟庸所中傷。胡惟庸中傷劉基，乃是利用了劉基常談術數的特點和朱元璋猜忌功臣的心理。

劉基對術數的興趣至老不衰，並不時在人前有意顯示這方面的長處。比如，在朱元璋與陳友諒的決戰中，劉基即有過望氣之舉，其間有兩件事一定給朱元璋留下了極深的印象。第一件：朱元璋坐在胡床上督戰，劉基陪立於旁邊。忽然，劉基猛地跳起，大呼一聲，催朱元璋換船。朱元璋匆匆忙忙地跳到另一艘船上，還未坐穩，就見原先坐的那艘船被火炮打得粉碎。第二件：朱軍與陳軍在鄱陽湖上相持三天，勝負未分，這時，劉基提出「移軍湖口扼之，以金木相犯日取勝」。那一天，適值東北風起，朱元璋縱火攻擊陳軍，大獲全勝。這兩樁事情使人相信，劉基之於術數，確屬內行。

想不到，這給劉基惹出了麻煩。

明初，劉基曾提出一個建議，說甌、括之間有大片空地，名曰談洋（在今文成縣朱陽鄉），南接福建，是鹽盜聚集之地，方國珍即在此處倡亂，請朝廷設巡檢司嚴加把守。巡檢司設立後，奸民們大感不便。適逢茗洋逃軍反叛，官吏掩瞞事實，不向朝廷匯報。劉基令大兒子劉璉上奏其事，沒有先告訴中書省。胡惟庸正以左丞相負責中書省，遂命官吏揭發劉基，「謂談洋地有王氣，基圖為墓，民弗與，則請立巡檢逐民。」王氣之說是頗能打動疑忌多端的朱元璋，加之劉基又長於術數，所以朱元璋雖未加罪於劉基，卻奪了他的俸祿。劉基大懼，入朝謝罪，遂留在京師，不敢再回青田。

劉基面對猜疑的應對方式，在當時的情形下應該說是最恰當的。洪武八年

（一三七五年）三月，朱元璋在一道詔書中贊許道：「當定功行賞之時，朕不忘爾從未定之秋，是用加以顯爵，特使垂名於千萬年之不朽。敕歸老於桑梓，以盡天年。何期禍生於有隙？是使不安。若明從憲章，則輕重有不可恕；若論相從之始，則國有八議。故不奪其名，而奪其祿，此國之大體也。然若愚蠢之徒，必不克己，將謂己是而國非。卿善爲忠者，所以不辯而趨朝。一則釋他人之餘論，況親君之心甚切，此可謂不潔其名者歟！」「君子絕交，惡言不出；忠臣去國，不潔其名。」（《御賜歸老青田詔書》）

被朱元璋稱許爲「善爲忠」的「君子」，劉基畢竟是識時務者。

劉基《贈陳伯光詩》云：

岐跗不世出，人病莫能治。

伊周不世出，國病莫能醫。

豈無龍宮方，可以完支離？

桓侯強自用，扁鵲乃見疑。

去去仙都山，中有術與芝。
服食煉精魄，海上從安期。

劉基不願做被人懷疑的大臣，而願「去去仙都山」，逍遙自在地安度晚年。可惜這並不高的願望也沒法實現，他迫不得已待在京師，實際上是遭到了軟禁。

巨星隕落

劉基之死，至今仍是疑案。

「凡物悅則茂，得其性也；不悅則不茂，不得其性也。故悅者，茂之藏；茂者，悅之著。譬之於人，憂愁結於心，而病生焉；及其著也，發焦而齒黃，色黯而形枯，其不茂也可知矣。」劉基《悅茂堂詩序》中的這段話，精采地表達了他的人生體驗。

劉基被拘留京師不久，胡惟庸登上左丞相的顯位。這使劉基大爲悲傷，並因憂憤而一病不起。洪武八年（一三七五年）三月，朱元璋見誠意伯實在病得太重，終於批准遣使送劉基歸家。到家，病情進一步加重。劉基預計自己將不久於人世，遂極其鄭重地向次子劉璟坦露了他的心事：「我想寫一份遺表，惟庸還在相位，寫了也無用。惟庸敗露之後，皇上一定會思念我，如有所垂詢，可勸皇上修德省刑，祈天永命，諸形勝要害之地，宜與京師聲勢聯絡。」過了一個月便去世了，終年六十五歲。

據《明史·劉基傳》記載，劉基在京師得病時，胡惟庸曾派了醫生來，自從服了這醫生的藥，腹中就隱隱約約有一塊拳頭大的石頭存在。一三八〇年初，中丞涂節向朱元璋告發胡惟庸的政變陰謀，也提到他毒死劉基一事。

劉基去世了，巨星隕落。而巨星隕落的原因，至今還衆說紛紜。一種意見是：劉基是胡惟庸派人毒死的；另一種意見是：胡惟庸派人毒死劉基，系奉朱元璋之命；第三種意見是：劉基確屬病故。前兩種意見，肯定劉基之死乃是被害；後一種意見否認了毒殺的可能性，但就劉基之病起因於胡惟庸中傷而言，仍不妨說是被害。

劉基韜晦遠害而終不免遇害，對此後人頗多評議。談遷《國榷》中收載多則，讀者可以查閱。袁帙說：劉基「功成身退，希赤松之辟谷，慕陶朱之遠遊，可謂既明且哲者矣，而卒困於胡惟庸之口，向非高皇帝之明，危矣。詩曰：讒人罔極。又曰：貪人敗類。可畏也夫！」王世貞說：「誠意伯之爲人，磊落慷慨，不受其奇，以佐英主，男子哉！至明哲保身之微，視少伯、子房小讓矣。」何喬遠說：誠意伯「奇智先占，而不免胡丞相之毒，何也？跡其明哲保身，視子房讓矣。」他們認爲，較之漢代的張良（子房）劉基韜晦遠害的技巧似略遜一籌。

說劉基遜色於張良，這意見還可商榷。這是因爲，明太祖朱元璋對待文臣武將的殘忍程度遠過於漢高祖劉邦，這便大大提高了功臣遭猜忌、被陷害的比例。清趙翼《廿二史劄記》卷三十二《胡藍之獄》曾概括地論述道：「漢高祖誅戮功臣，固屬殘忍，然其所必去者，亦止韓、彭。至英布則因其反而誅之。盧綰、韓王信亦以謀反有端而後征討，其餘蕭、曹、絳、灌等，方且倚爲心膂，欲以托孤寄命，未嘗概加猜忌也。獨至明祖，藉諸功臣以取天下，及天下既定，即盡舉取天下之人而盡殺之，其殘忍實千古所未有。」「文臣亦多冤死，帝亦太忍矣哉！」與如此帝王打交道，即使是張良，怕也難有好的結局。

劉基身後，有幾樁事情還須略作交待。

洪武二十三年（一三九〇年）十二月，命劉基之孫劉薦襲封誠意伯。劉基的爵位本不能世襲，但他因觸忤胡惟庸被害，長子劉璉任江西參政時，亦爲胡惟庸黨羽沈立木脅迫，墮井而死，朱元璋憐憫其父子的遭遇，故有此命。

正德九年（一五一四年）十月，加贈劉基太師銜，謚文成。《贈謚太師文成誥》有云：「故開國翊運守正文臣資善大夫護軍誠意伯劉基，慷慨有志，剛毅多謀，學爲帝師，才稱王佐。」「逮應聘括蒼，陳時務於建業，即從征彭蠡，定大事於中原。渡江策士無雙，開國文臣第一。受爵能讓，懷辭金蹈海之風，成功不取，以辟谷封留之請，可謂明哲允矣！」

這位偉人的身後，是不寂寞的。

劉基的日常人生智慧

說到劉基的深不可測，人們常常注意的是兩個方面：一是他作為智囊人物的謀略，二是他的哲學思想及社會政治觀點，這只要看看一九四九年—一九八〇年間有關劉基的論文目錄便可一目了然。計六篇，包括容肇祖《劉基的哲學思想及其社會政治觀點》、王範之《劉基的唯心主義自然觀》、容肇祖《論劉基的哲學思想》、侯仁之《北京城與劉伯溫的關係》、王範之《劉基是樸素唯物主義者嗎？》、無谷《〈百戰奇略〉和劉基》。

其實，關於日常生活，劉基也是富於智慧的。

知道事物應該是什麼樣，說明你是聰明的人；知道事物實際上是什麼樣，說明你是有經驗的人；知道怎樣使事物變得更好，說明你是有才能的人。

——狄德羅

生活，就是理解。生活，就是面對現實微笑，就是越過障礙注視將來。生活，就是自己身上有一架天平，在那上面衡量善與惡。生活，就是有正義感、有真理、有理智，就是始終不渝、誠實不欺、表裡如一、心智純正，並且對權力與義務同等重視。生活，就是知道自己的價值，自己所能做到的與自己所應該做到的。生活，就是理智。

——雨果

莫爲風氣所左右

見異思遷，爲風氣所左右，這樣的人，在事業上很難取得成功。

這一淺顯的道理，並非人人都懂。

鄭國一位鄉下人，學做防雨用的蓋，花了三年時間。手藝學成，卻碰上大旱，蓋派不上用場。於是他放棄做蓋，而學做桔槔，又花了三年時間。手藝學成，卻碰上大雨，桔槔派不上用場。於是他又回頭做起蓋來。沒多久，盜賊蜂起，百姓改穿軍裝，很少有用蓋的。這人想改學兵器的打造，可是已經老了。

對於這位鄭國人，劉基發表了如下的評論：「是殆類漢之老郎與？然老與少非人之所能爲也，天也。藝事由己之學，雖失時在命，而不可盡謂非己也。故粵有善農者鑿田以種稻，三年皆傷於澇，人謂之宜泄水以種黍，弗對，而仍其舊。其年乃大旱，連三歲，計其獲則償所歉而贏焉。胡曰『旱斯具舟，熱斯具裘』，天下之名言也。」

劉基提到的「漢之老郎」，典出《漢武故事》。漢武帝一次視察郎署，見一老翁，鬚髮皓白，衣服不整。武帝問他何時擔任郎職，他說是文帝時。武帝感到奇怪：「何其老而不遇也？」這位名叫顏駟的老郎答道：「文帝好文，而臣好武；景帝好老，而臣尚少；陛下好少，而臣已老；是以三世不遇，故老於郎署。」

顏駟老於郎署，懷才不遇，並非他本人見異思遷、爲風氣所左右的結果，因爲，人的年紀老、少是不由自主的。與此有別，學什麼手藝卻由本人決定，所以，鄭國的這位鄉下人的失意，責任該他自己來負。

其實，如果要類比的話，鄭國的這位鄉下人倒更接近明代浮白齋主人《雅謔》中的迂公。下了很長時間的雨，迂公的房漏了。他一夜之間移了好幾次床，最後一塊乾地方也沒有了，妻兒老小紛紛埋怨他。迂公急忙找工匠來修補，費了很大功夫，總算修好了。工程剛完，天忽然放晴。迂公早晚望著屋梁嘆息說：「命苦的人，才修好房子，就不下雨了，豈不是白費了工錢嗎？」以迂公這樣的態度來應世，其結局必然與鄭國的這位鄉下人相似。

《郁離子·世農易業》亦寓把握住自己，不爲風氣所左右之旨，可與上面的討論相互印證：

狐邱之野人世農，農田之入儉，恆思易其業，而未有加於農者。其舅之子騶於邑大夫，歸而華其衣，見而企焉，遂棄農而往為騶。其主曰：「汝自欲耳，餘弗女逐也，三年而不返，則汝之田與廬，吾當使他人營之，無悔也。」

跽而辭曰：「唯。」

越三年，而其所事者物故，欲復歸，而田與廬皆易人矣。故主憐而召之，而其同里皆疾其亡故而違常也，遂恧不敢復而途殍焉。

或以語郁離子，郁離子曰：「古稱良農不為水旱輟耕，良賈不以折閱廢市，正謂此也。」

吳人有養猿於籠十年，憐而放之，信宿而輒歸，曰：『未遠乎？』舁而舍諸大谷。猿久籠而忘其習，遂無所得食，鳴而死。是以古人慎失業也。」

狐邱之野人（鄉下人），世代業農，其長處亦在於經營農業。但他卻羨慕衣著華麗的車夫，「棄農而往爲騶」，最終落得飢餓而死，怨誰呢？

良農不爲水旱輟耕，良賈不以折閱廢市，旨哉言乎！

毛姆說：

一遇挫折就灰心喪氣的人，永遠是個失敗者。

彌爾頓說：

機遇雖失，毅力不可失。

希活說：

滾動的石頭不能長青苔。

把握住自己，這是一切事業成功的保證。我們的忠告是：每個人都應該堅持走他爲自己開闢的道路，不受行時的觀點所牽制，不爲時尚所迷惑，也不爲一時的挫折所嚇倒。

借取經驗

生活是由一系列的經驗組成的，每一個經驗都會使我們變得成熟一些，雖則有時我們很難體會到這一點。

布賴辛頓說：

借取經驗而不是購買經驗的人是幸運的。

可惜蹶叔不明白這一點。

蹶叔極爲自信，不願意接受別人的忠告。

他在龜山的北面耕種，用高地種稻，用低地種穀。他的朋友提醒他說：「穀宜於高亢之地，稻宜於低濕之地，而你正好相反，違反了作物生長的本性，怎能有好收成呢？」他不聽。這樣種了十年，弄得糧倉裡一點儲畜也沒有了。於是到朋友的地裡去查看，發現每一片地都像這位朋友以前所說的那樣收成很好。他遂誠懇地施禮檢討說：「我知道悔改了！」

不久，他去汶上經商，什麼貨物暢銷，他就急著買什麼，因而常和別人搶購。等到他把貨物弄到手，經銷這種貨物的人也都蜂擁而至，他手中的貨物很難賣出去。他的朋友提醒他：「會做買賣的人，總是收購別人不急著買的貨物，時機一到便賣出去，往往成倍獲得。這正是白圭致富的原因。」他又不聽。這樣做了十年買賣，困窘至極。這時他想起朋友的話，又誠懇地向朋友施禮檢討說：「從此以後，不敢不悔改了！」

後來他乘船去航海，邀請朋友同往。他們泛海東行，到了深海。朋友提醒他說：「這便是歸墟，進去了，就很難再回來。」他又不聽。船進入深海之中，漂流了九年，才好不容易借助於一次強風和海浪的推動，漂了回來。上岸時，已是頭髮盡白，身體瘦得像乾肉，沒人能認出他來。蹶叔於是再拜稽首，向朋友道歉，並對天發誓：「我若再不悔改，有太陽作證！」他的朋友笑道：「悔改是要悔改的，只是還來得及嗎？」

蹶叔之「蹶」（摔倒，比喻失敗或挫折），原因在於不是借取經驗而是購買經驗，所以劉基評論說：蹶叔事後悔過，還不如事先聽取別人忠告、不必悔過的好！（「蹶叔三悔以沒齒，不如不悔之無憂也！」）

經驗是永久的生活老師。

要想知道將來發生什麼事情的人必須回溯過去。

唯其如此，所以歌德說：

唯接受純粹的經驗並且按照他去行動，誰就有足夠的真理。就這個意義上說，正在成長中的孩子是聰明的。

「明智」

明智地對待別人要比明智地對待自己來得更方便自然。

《郁離子．越王》提供了一個例證。

越王勾踐與群臣歡宴，談論起吳王夫差之亡，認爲其因在於殺了忠臣伍子胥。群臣聽了，沒有誰說話。

這時，大夫子餘站起身來，緩緩說道：「我曾去過東海。東海海神若在青渚遊玩，北海海神禺彊來和他相會，魚鱉等隨從者，各按一定的次序來拜見。看見夔用單腳跳出，鱉不禁伸長了脖子大笑，夔問他笑什麼，鱉說：『我笑你獨腿跳躍的樣子，擔心你會摔倒。』夔說：『我獨腿跳躍，和你一顛一蹶地爬行，不是差不多嗎？況且，我用一腿，你用四腿，你雖有四腿，卻連身體都難以支撐住，還笑話我嗎？你若踮著腳走，則腳脛感到疲勞，若拖著身子爬行，又會磨壞肚皮，成日慢騰騰地爬，能行多少路呢？你幹嘛不憂慮自己，反而為我擔心？』現在，大王殺了大夫文種，范蠡嚇得逃走，越國已沒有治國的賢士了！我擔心諸侯笑您的日子為期不遠了！」

越王聽了，默然不語。

越王之笑吳王，令我們想起隋煬帝之鄙薄陳後主。司馬光《資治通鑑》唐紀元貞觀二年六月，唐太宗說：「朕觀《隋煬帝集》文辭奧博，亦知是堯、舜而非桀、紂，然行事何其反也！」歐陽修《唐景陽井銘》也說：「其石檻有《銘》，謂『余』者，晉王廣也。……煬帝躬自滅陳，目見叔寶事，又嘗自銘以為戒如此，及身為淫亂，則又過之。」其言與行的歧異亦極具戲劇性。

「人貴有自知之明。」這是老生常談，但眞要做到，卻並非易事。

知止

「畫蛇添足」，典出《戰國策·齊策》。大意是：楚國某人，在一次祭祀完畢後，賞給門客們一壺酒。大伙商議說：「這壺酒，數人飲之不足，一人飲之有餘。不如各在地上畫一條蛇，先畫好的喝酒。」有個人先畫成，拿過酒來，正要喝，遂左手持巵，右手繼續畫蛇，並誇耀說：「我還有時間給蛇畫腳！」就在他給蛇畫腳的時候，另一個人已畫好了蛇，將酒從他手中奪了過去，說：「蛇本來就沒有足，你怎麼能給牠添上呢？」說完，一飲而盡。那個畫蛇添足的人，終於沒能喝到酒。

畫蛇添足，做多餘的事，反而不恰當。

劉基《知止》一篇，命意與畫蛇添足相近。某粵地工匠，善於造船，越王認為他確實優秀，下令給他上等俸祿。粵地造船的人都以他為師。過了一年多，他對越王說：「臣不僅善於造船，而且善於駕船。」越王信了。在雋李之戰中，風卷五湖，他因駕船技術欠佳而淹死了，越人都很同情他。劉基由此得出結論說：「是畫蛇而為之足者之類也。人無問智慧，惟知止則功完而不毀，故以子胥之賢而不免焉。夫子胥之入吳也，圖報其父兄之仇而已矣。及其入郢而鞭平王足矣，夫復何求戰？乃不去，而沉其身，不知止也。」

畫蛇添足，包括各種各樣的情形。功成而身不退，是一種，如伍子胥；不用其所長，而用其所短，又是一種，如某粵地工匠；欲望太多，不知止息，也是一種，劉基《長子英閑止齋詩三首》之一說的便是這種情形：

鳥飛止茂林，魚游止深淵。
步止辭跆躓，語止絕悔愆。
螔蝓升高堂，朽殼消腥涎。
跨父逐羲和，渴死大道邊。
所以知止者，不為物所牽。

擺落塵網嬰，寂寞守自然。

悠悠觀群動，默默全吾年。

《菜根譚》說：「進步處便思退步，庶免觸藩之禍，著手時先圖放手，才脫騎虎之危。」「貪得者，分金恨不得玉，封侯怨不授公，權豪自甘乞丐；知足者，藜羹止於膏粱，布袍暖於狐貉，編民不讓王公。」知足者常樂，知止者免禍，「靜躁稍分，昏明頓異。」

精誠

「痀僂承蜩」出於哲學大師莊子的虛構。

孔子前往楚國。這天，他走到一片樹林之中，看見一位駝背老人，手持竹竿在捕知了，好像信手拈來一般輕而易舉。孔子驚奇地問：「您的技術太高妙了，大概有什麼訣竅吧？」駝背老人答道：「我確有訣竅。五、六月是捕蟬的季節。如果在竿頂放兩枚小球而不掉下來，捕蟬時就很少有能逃脫的。如果能放三枚小球，十隻蟬中，能逃脫的不過一隻而已。如果能放五枚小球，捕蟬便如同信手拈來了。我站在這裡，如同樹樁深深扎根；而執竹竿的手臂，則如枯乾的樹枝，紋絲不動。雖然天廣地闊，萬物衆多，而我神情所注，唯在蟬的翅膀。我的身手如此穩健，精神如此集中，怎麼會捉不到蟬呢？」孔子聽了，回頭對弟子們說：「『用志不分，乃凝於神』，說的就是駝背老人這種情形吧！」

所謂「用志不分，乃凝於神」，意即：專心致志，便可臻於出神入化之境。中國有句老話：精誠所至，金石爲開；說的也是這個意思。「精誠」，也就是至誠，或曰眞心誠意。《莊子·漁父》云：「眞者，精誠之志也，不精不誠，不能動人。」《論衡·感虛》云：「安能以精誠獲天之應也？」都強調了精誠的不可低估的力量。

劉基也注意到了社會生活中的這一事實。他指出：「水鴞翔而大風作，穴蟻徒而陰雨零，豈其知之獨覺哉？惟其所願欲莫切於飽與安也，故孜孜以候之。氣將來而必知，惟其心之專也。是故知暵潦者莫如農，知水草者莫如馬，知寒暑者莫如蟲。故以刖守閽，以瞽聽樂，取其專也。魯人有善言《易》者，百家之訓詁疏義無不誦而記之，命之卜則不中。吳有醫，與之談脈證必折，而請其治疾無不愈者。故曰誠則明矣。水鴞之知風，穴蟻之知雨，誠也。」「多能者鮮精，多慮者鮮決。故志不一則龐，龐則散，散則潰潰然，罔知其所定。是故明生於一，禽鳥之無知，而能知人之所不知者，一也。人爲物之靈，而多欲以昏之，反禽鳥之不如，養其枝而枯其根者也。嗚呼！人能一其心，何不如之有哉！」

劉基還曾用一個比喻來說明用心必須專一的道理：

常羊問屠龍子朱學習射箭。屠龍子朱說：「你想聽聽射道嗎？楚王在雲夢澤打獵，令虞人將禽鳥趕出，以便射殺。當鳥飛起來時，一隻鹿從楚王的左邊跑出，一隻麋從楚王的右邊跑出，楚王引弓欲射，又有巨鵠拂著楚王的旗幟飛了過去，其翅膀如同天邊的雲。楚王將箭按在弓弦上，卻不知射什麼好。養叔走過來說：『我射箭時，放一片樹葉在百步之外而射，十發十中；如果放十片樹葉讓我射，中還是不中，就不是我所能斷定的了。』」

屠龍子朱的話，表明了專心致志的重要性。正所謂：

成功之秘訣，在始終不變其目的。（華因士腓特）

生活中有件明智事，就是精神中；有一件壞事，就是精力渙散。（愛默森）

跛足而不迷路能趕上雖健步如飛但誤入歧途的人。（培根）

最軟弱的人如對一件事一個目標專心致志，能有所成；而最強壯的人如把精力分散到許多事情許多目標上，可能一無所成。（T. C.）

論無畏

無私才能無畏。這句話的著作權已沒法弄清。

瑕邱子遊說秦王歸來，面有得色，對慎子說：「人人都說秦王如虎，不可接觸，如今我已摩其鬚拍其肩，並沒有什麼危險。」

慎子答道：「好啊！先生堪稱天下獨步。但是，我聽說過這樣一件事：赤城山有道五仞長的石梁，寬一尺，表面呈龜背之形，其下是千丈深谷，瀑布直下，濕蘚滿地、並且沒有藤蔓可以攀扶。有個山裡人背著柴草從上面走過，腳步不停，觀看的人都贊嘆不已。有人對他說：『這道石梁，別人都不敢走，只有你能走，莫非有仙骨嗎？』讓他回來再走一遭。這個人站著端詳了一會，兩腳發抖，抬不起來，目光遊移，不敢正視。如今，你敢於遊說秦王，其緣故正如同山裡人不知道石梁之險。所以說：過瞿塘峽而不戰慄的，是那些未曾經歷過水上之險的人；見了監獄而不恐懼的，是那些未曾遭受法律制裁的人，如果讓先生再去遊說秦王，大約就不會向我誇口了。」

這一則寓言，題爲《說秦》。劉基對於無畏者的心理狀態的揭示，頗爲契合事理。據《列子·黃帝》篇記載，商丘開從高台上往下跳，無論是跳入水中，還是跳入火中，身體都無傷損。范氏之黨以爲他「有道」，向他詢問，商丘開說：「吾無道！……以子黨之言皆實也，唯恐誠之之不至，行之之不及，不知形體之所措。利害之所存，心一而已。物無迕者，如斯而已。今昉知子黨之誕我，我內藏猜慮，外矜觀聽，追幸昔日之不焦溺，怛然內熱，惕然震悸矣。水火豈復可近哉！」

言下之意是說，敢作敢爲，源於無知無慮，正如同醉人墜馬不傷、夢遊者履險如夷一樣；一旦清醒，一旦思慮介入，就變得畏首畏尾了。

紀昀《閱微草堂筆記》卷十三記載：

王觀光言：壬午鄉試，與數友共租一小宅讀書。觀光所居室中，半夜燈光忽黯碧。剪剔復明，見一人首出地中，對爐噓氣。拍案叱之，急縮入。停刻許復出，叱之又縮。如是七八度，幾四鼓矣，不勝其擾；又素以膽自負，不欲呼同舍，靜坐以觀其變。乃惟張目怒視，竟不出地。覺其無能為，息燈竟睡，亦不知其何時去。然自此不復睹矣。……此必其骨在屋內，生人陽氣熏爍，鬼不能安，故現變怪驅之去。初拍案叱，是不畏也，故不敢出。然見之即叱，是猶有鬼之見存，故亦不肯竟去。至息燈自睡，則全置此事於度外，鬼知其終不可動，遂亦不虛相恐怖矣。東坡書孟德事一篇，即是此義。

小時聞巨盜李金梁曰：「凡夜至人家，聞聲而嗽者，怯也，可攻也；聞聲而啟戶以待者，怯而示勇也，亦可攻也；寂然無聲，莫測動靜，此必勍敵，攻之十恆七八敗，當量力進退矣。」亦此義也。

紀昀論怯與畏的外在表徵，與《說秦》一篇，可相互發明。無思無慮則無畏。反過來看，一個無畏的人，心中根本沒有可怕的對象存在，置之度外，自然也就「寂然無聲」了。

紀昀提到「東坡書孟德事一篇」。東坡即蘇軾。蘇軾《書〈孟德傳〉後》引述了這樣一件事：

有個婦女大白天把兩個小孩放在沙灘上玩耍，自己則在河邊洗衣裳。突然，一隻猛虎從山上撲下來。這個婦女嚇得倉皇失措，趕緊跳入水中躲起來。兩個小孩依然在沙灘上安然自若地遊戲。老虎注視了很久，並用頭去碰撞他們，希望他們中有一個能夠害怕。但兩個孩子天眞爛漫，根本無恐懼之感，老虎終於掉頭走了。看來老虎吃人，總是先威懾對方，而對於那些無所畏懼的人，虎威是無從施展的。

這個故事，亦可與《說秦》相互印證。

論棟梁之材

劉基的《種樹喩》所蘊含的哲理頗爲深厚。

韓非子在韓國執政將近十年，韓國的上層人物死於嚴刑峻法的很多，故韓國的許多官職空缺起來。韓王對公叔說：「寡人急欲用人，而韓國群臣都不勝任官職，該怎麼辦呢？」公叔答道：「大王知道種樹嗎？我家住在國都東郊，世代以種樹為業。上等的樹，如松、楠、栝、柏，它們可以做棟樑，但種植後，一定要三、五十年才能長成；下等的樹，如桱、柳、朴、樕，種下就活，但只能當燒柴。所以，以日計算，則棟樑得利緩而燒柴得利速；以年計之，則燒柴獲利為一，棟樑獲利為百。兩種樹木，我家都種，世代得其好處，因此成為韓國的首富。與臣相反，我鄰家的那個窮老頭，心裡羨慕之極，也想種樹獲利。但他種植松、栝，往往不能滿三年，還未成材就砍伐掉了，故收入極少，飽肚子之外，幾乎沒什麼剩餘。如今，大王用人，不等他們有足夠的閱歷，卻又在他們不勝任其職務時施以嚴刑峻法，結果，棟樑之材完全沒有了。一朝房屋瀕臨倒坍，我擔心用柴捆是支撐不住的。」

劉基論棟梁之材，強調要經過長期的養育。十年樹木，百年樹人。急功近利，急於近利，急於求成，是不合適的。《種樹喻》所蘊含的哲理，在我們這個浮躁的社會裡，值得特別加以提出。

不拘一格用人才

汪罔國的人長得很高，他們的小腿骨就有一丈多長，靠獵取野獸爲生。如果野獸趴在地上，便不能彎腰取來，故經常挨餓。僬僥國的人很矮，他們的腳僅長三寸，靠捕蟬爲生。一旦蟬飛了起來，就沒法抬頭抓住，所以也常挨餓。他們都到帝嬀那裡去訴苦。帝嬀說：「我用黃土造出你們，雖然形體有大小之別，但耳朵、鼻子、嘴巴、眼睛、頭顱、腹、手、腳、心、肝、內臟、毛孔、骨節，彼此並沒有多少之分。長得高的，就應利用高的有利條件，長得矮的，就應利用矮的有利條件，而人的身高，是既不能截短，也不能加長的。這好比果核中的仁，雖微小之極，但根幹、枝葉的因素無不具備，又好比蛋殼，看上去渾然一塊，但其中羽毛、嘴、爪的因素，也無不具備。你們究竟是要做在內的果仁呢，還是做在外的蛋殼？一切都取決於你們自己，我是沒法幫忙的。」

這個故事，題爲《汪罔僬僥》。劉基用它說明一個道理：人，各有所長，我們應該把這長處充分發揮出來。

劉基另有《立教》一篇，則從用人的一方著眼，揭示「用其長、不責其短」之旨。劉基說：「君子之使人也，量能以任之，揣力以勞之；用其長而避其缺，振其怠而提其蹶；教其所不知，而不以所知責之；引其所不能，而不以我之所能尤之。」堪稱精闢之論。

在用人問題上，劉基還有一個重要的意見，即：用人切勿求全責備。每個人都有短處，倘因其短而棄其長，則賢能之士就會被埋沒；只有不拘一格，使人才盡其所長，方能做成轟轟烈烈的事業。《使貪》即闡發此一哲理：

客有短吳起於魏武侯者，曰：「吳起貪，不可用也。」武侯疏吳起。公子成入見曰：「君奚為疏吳起也？」武侯曰：「人言起貪，寡人是以不樂焉。」

公子成曰：「君過矣，夫起之能，天下之士莫先焉。惟其貪也，是以來事君，不然君豈能臣之哉？且君自以為與殷湯、周武王孰賢？務光、伯夷，天下之不貪者也，湯不能臣務光，武王不能臣伯夷，今有不貪如二人者，其肯為君臣乎？今君之國，東距齊，南距楚，北距韓、趙，西有虎狼之秦，君獨以四戰之地處其中，而彼五國頓兵坐視，不敢窺魏者何哉？以魏國有吳起以為將也。周《詩》有之曰：『赳赳武夫，公侯干城。』吳起是也。君若念社稷，惟起所願好而予之，使起足其欲而無他求，坐威魏國之師，所失甚小，所得甚大。乃欲使之飯糲茹蔬被短褐步走以供使令，起必去之。起去，而天下之如起者，卻行不入大梁，君之國空矣。臣竊為君憂之。」

武侯曰：「善。」復進吳起。

相傳，從前有個趙國人，憂慮鼠患，便到中山國去求貓，中山人滿足了他的要求。這隻貓善於捕鼠和雞。一個月後，老鼠乾淨了，雞也差不多了。

他兒子對貓吃雞大感頭痛，就告訴父親說：「幹嘛不趕走貓。」

父親答道：「這其中的緣故你不懂。咱家的根本禍患，在於有老鼠，不在於沒有雞。家中有鼠，便會偷竊咱們的食物，咬毀咱們的衣服，弄穿咱們的牆壁，損壞咱們的器皿，我們就要挨餓受凍了。這樣的損失，豈不比丟掉幾隻雞要大？

沒有雞，不吃雞就罷了，離挨餓受凍還遠著呢，爲什麼要趕走貓呢？」

趙人不趕走抓雞的貓，魏武侯重用貪得無厭的吳起，都指向同一宗旨：用人不必求全責備；未可見小害而忘大利。

用非所長的教訓

《孟子》一書首次提到馮婦這個人，他以善搏虎著稱，而不以救火得名。搏虎與救火是兩種不同的才能，用不著多說，但令人難以置信的是，馮婦卻被當成善於救火的人來使用。劉基《馮婦》一篇，即據此生發：

東甌人把「火」稱作「虎」，「火」與「虎」的發音沒有什麼差別。這個國家，因不會燒製陶器和冶煉金屬，都用茅草蓋房，時常發生火災。當地人都爲此深感苦惱。海邊有個商人到晉國去，聽說晉國有位馮婦，善於搏殺老虎。馮婦所居之處，虎已絕跡。商人回到東甌，把此事報告給了國君。東甌君大喜，命商人爲使者，帶著四十四馬、兩雙美玉、十四錦緞的厚禮，赴晉國聘請馮婦。馮婦到來，東甌君下令套上馬車，空出左邊的座位，親自到都城外去迎接，並同乘一輛車進入國都，把他安排在賓館裡，當作貴賓。

第二天，市上發生火災，人們趕來告訴馮婦，馮婦捲起袖子，跟著他們趕到出事地點，四處找虎，找不到。眼看著火就要蔓延到宮殿店鋪。衆人把馮婦擁到那火勢最凶的地方，馮婦就這樣被活活燒死了。於是，商人被判罪，罪名是欺君罔上；而馮婦至死也不明白他是因爲什麼死的。

馮婦的遭遇，使人想起《艾子雜說》中的一個故事。從前，有個人要去打獵，想買一隻鷹，但實際上買的是隻水鴨子。他興致勃勃地來到野外，見一隻兔子從草中竄出，立刻抛起水鴨子，讓牠去抓。水鴨子不能飛，一頭栽到地上。這人再次把牠抛向空中，水鴨子依舊跌了下來。鴨子被折騰了三番五次，忽然搖搖擺擺走到這人面前，對他說：「我是水鴨子，殺了吃肉，才是我的本分。幹嘛非要讓我受擲來擲去之苦？」

這人吃驚地問：「我以爲你是鷹，可以獵兔，居然是水鴨子嗎？」

水鴨子舉起腳蹼給他看，笑道：「看我這手腳，能夠抓得住兔子嗎？」

把水鴨子當作老鷹，尊馮婦爲救火大王，用非所長，結局怎麼會好呢？而元王朝卻經常犯這個毛病。這叫劉基如何能不嘆惋！

劉基未能改變元朝君臣的的昏庸做法，但在如何發揮本人所長這一點上，他則充分顯示出了其英明睿智。某公子曾鼓勵劉基投身軍旅，做一名叱咤風雲的將軍。公子以極富魅力的語氣激發他說：「戎卒十萬，虎賁三千，犀革之車，駕以駃騠。服以騊駼，造父御戎，烏獲為右，士如熊羆，馬如騰龍，豁闞炰烋，殷谷訇邱，掛以重鎧，被以鮫函，炫燿冬冰，燁燁晨星，純鉤太阿，縵理龜鱗，雄戟揚虹，雜矛掣蛇，舒光發輝，上纏斗杓。乃有角端之弓，魚牙之矢，控弦而滿月在手，覆彇而蹲甲吞羽，黃間溪子，時力距黍，九牛引挽，發若雷吼。於是乎白羽如荼，赤羽如葒，大旆鋒旗，植以玄戈，建九斿之霓旍，蔚云旋而猋回，山陵為之低昂，太陽為之寢光。乃布天衡，乃列地沖，風雲鳥蛇，龍虎翕張，屹兮如山，儼兮若城，渾渾沌沌，莫窺其形。吾願與先生將之。」

公子極力渲染大將出師的威武雄壯的場面，確有幾分鼓動性。但劉基聽了，隻是淡淡地引了孔子的兩句話，用以表白他的志願。這兩句話是：「俎豆之事則嘗聞之，軍旅之事未之學也。」也就是說，劉基的理想是成為一名運籌於帷幄之中的「軍師」，成為張良、孔明一流人物。他的這一理想，後來果然成了現實，朱元璋一再稱他為「老先生而不名」，並加上一句：「吾子房也。」

用其所長，才有可能出類拔萃。

見利忘危

郁離子住在山中。夜間，有隻野貓來偷雞，起來追趕，沒有追上。第二天，僕人在野貓鑽進的地方張設捕獸工具，並放上雞作誘餌。野貓一來，就被繩子捆住了。它儘管被捆住，嘴和爪子卻不放開雞。僕人一邊打，一邊奪，野貓至死也不肯放雞。郁離子感嘆道：「為錢財利祿而死的人們，大概也像這隻貓吧！……」

唐代作家柳宗元，寫過一篇《哀溺文》，大意是說：

永州人傍水而居，擅長游泳。一天，河水暴漲。有五六個人乘著小船橫渡湖水。船剛至江心，就漏水下沉了，船上的人紛紛泅水逃生，隻見其中一個人，雖拼命划水，卻前進不了多少。他的同伴感到奇怪，問：「平素你的水性最好，今天爲何倒落在後邊？」他喘著粗氣答道：「我腰裡纏著許著銅錢，很重，所以游不動。」同伴連忙勸他丟掉銅錢，他嘴裡不應聲，隻是搖了搖頭。過了一會兒，更加精疲力盡了。這時，已經上岸的人向他呼喊：「你眞是太死心眼了，太糊塗了，人馬上要被淹死，還要錢幹嘛？」他又搖了搖頭，很快被淹死了。

俗話說，抱著元寶跳井，捨命不捨財。人爲財死，見利忘危，這究竟是喜劇，還是悲劇？

劉基《雉子班》詩云：

雉子班，飛倏倏，鳴鷕鷕。
踉蹡出沒灌莽中，滾裳煥爛赬瞳瞭。
野人拄翳潛置媒，和聲相應無驚猜。
黃間一發激流電，錦繡披裂委草萊。
林栖野啄本無累，嗜欲沉溺禍所胎。
君不見天池鳳凰食竹食，

逍遙至和永終日。

這首詩，寫雉子班貪利而蹈禍機，似與竊雞的野貓相似，但不宜混為一談。《雉子班》主要表達劉基的隱居願望：置身亂世，應甘於隱士的清貧生活，切勿為嗜欲所累。

竊糟

《老子》開宗明義第一章就說：「道，可道，非常道；名，可名，非常名。」意思是：「道」，如果可以說得出，它就不是實際存在的「道」；「名」，如果可以叫得出，它就不是實事上的「名」。

劉基接待過這樣一位客人，他喜愛佛學，每當與人談論佛理，總要壓倒別人，他沾沾自喜，自以為有一套獨到見解。劉基為了使他省悟，遂講了下面的故事：

從前魯人不會釀造好酒，隻有中山人長於釀造「千日酒」。魯人想得到他們的釀酒方子，未能如願。有個魯人在中山國做官，他去酒店喝酒，偷著拿了點酒糟，回到魯國，用魯酒把它泡起來，對人說：「這就是中山酒。」魯人爭著來喝，都以爲是正宗的中山酒。一天，中山國那家酒店的老板來了，聽說這裡有好酒，要喝，剛入口，就吐了出來，笑道：「這是我酒糟的汁液。」

劉基講完了故事，也笑著對客人道：「現在您以『佛理』向我誇耀，我怕眞佛會笑您偷了他的『酒糟』的！」

竊取糟粕的人，往往拾人牙慧，他得到的只是可以說得出的非正常的「道」。

《莊子·天道》篇載：

桓公讀書於堂上，輪扁斫輪於堂下，釋椎鑿而上，問桓公曰：「敢問公之所讀者何言邪？」公曰：「聖人之言也。」曰：「聖人在乎？」公曰：「已死矣。」曰：「然則君之所讀者，聖人之糟粕已夫！」

「糟粕所傳非粹美，丹青難寫是精神。」眞正的精髓，絕不是言詞能夠傳達的。

劉伯溫的人生哲學—智略人生　中國人生叢書 24

著　　者／陳文新
出　　版／揚智文化事業股份有限公司
發 行 人／葉忠賢
責任編輯／賴筱彌
執行編輯／韓桂蘭
地　　址／台北市新生南路三段 88 號 5 樓之 6
電　　話／(02)2366-0309　2366-0313
傳　　眞／(02)2366-0310
登 記 證／局版北市業字第 1117 號
印　　刷／偉勵彩色印刷股份有限公司
法律顧問／北辰著作權事務所　蕭雄淋律師
初版二刷／1998 年 8 月
定　　價／新臺幣：250 元

南區總經銷／昱泓圖書有限公司
地　　　址／嘉義市通化四街 45 號
電　　　話／(05)231-1949　231-1572
傳　　　眞／(05)231-1002

本書如有缺頁、破損、裝訂錯誤，請寄回更換
ISBN➔957-8446-24-1
E-mail➔ufx0309@ms13.hinet.net

國家圖書館出版品預行編目資料

劉伯溫的人生哲學: 智略人生 / 陳文新著. --.
初版. --- 臺北市 : 揚智文化，
1997 [民 86]
面 ; 公分. ----（中國人生叢書: 24.）

ISBN 957-8446-24-1（平裝）

1. (明)劉基 - 傳記

782.861 86006867